李兆生先生的武当内功与兵器

在第三届全国武当拳功理功法研讨会上作专题演讲

1998年，参加在北京钓鱼台国宾馆举办的"改革二十年书法联谊会暨精品展"

1997年，在天津出席中国书法艺术节

在首届民族文化艺术品博览会上，悬空飞书"昌盛"二字

精雕细刻，刀下展彩虹

李兆生先生个人书画展示

新版
中国循经太极拳
二十四式教程（下卷）

李兆生 著

人民体育出版社

图书在版编目（CIP）数据

新版中国循经太极拳二十四式教程.下卷/李兆生著.--北京：人民体育出版社，2017（2024.7重印）
ISBN 978-7-5009-5119-3

Ⅰ.①新… Ⅱ.①李… Ⅲ.①太极拳－教材 Ⅳ.①G852.11

中国版本图书馆CIP数据核字(2017)第017274号

*

人民体育出版社出版发行
三河市紫恒印装有限公司印刷
新　华　书　店　经　销

*

850×1168　32开本　8印张　145千字
2017年9月第1版　2024年7月第2次印刷
印数：4,001—6,000册

*

ISBN 978-7-5009-5119-3
定价：35.00元

社址：北京市东城区体育馆路8号（天坛公园东门）
电话：67151482（发行部）　邮编：100061
传真：67151483　邮购：67118491
网址：www.psphpress.com
（购买本社图书，如遇有缺损页可与邮购部联系）

目 录

泛谈循经太极拳二十四式的操修原则 ············ （1）

希望简化二十四式太极拳更完美 ················ （1）

第一章 太极说真 ································ （1）

第一节 太极演真 ···························· （1）

第二节 民族文化的萌芽——太极说源 ·········· （5）

第三节 古传拳经十三式，今作真本证前源 ······ （8）

第四节 有本有源，宗流有脉——谈太极拳 ······ （11）

第五节 中国太极拳内操外为之原则 ············ （14）

第六节 太极内操之养气论 ···················· （15）

第七节 武通于医 ···························· （19）

第八节 大易太极拳 ·························· （23）

第九节 文武同宗 ···························· （29）

第十节 先求于形后求于神 ···················· （33）

第二章 中国循经太极拳二十四式谱文注解

第一节 中国循经太极拳二十四式操演谱文注解

·· （35）

第二节　中国循经太极拳二十四式
　　　　内脉循经谱文注解 ……………………（70）
第三节　中国循经太极拳二十四式武学概谱注解
　　………………………………………………（103）
第四节　中国循经太极拳二十四式全体大用篇
　　　　谱文注解 ………………………………（119）

第三章　文卷篇 …………………………………（137）
　第一节　太极拳论心解 …………………………（137）
　第二节　太极演道 ………………………………（142）
　第三节　从太极拳的循经谈起看《龙行大草》与
　　　　《武当神剑》……………………………（145）
　第四节　太极拳技击法 …………………………（148）
　第五节　掤捋挤按专修与武技短打十六字心法 …（150）
　第六节　师真篇 …………………………………（155）
　第七节　《真元修真法》简介 …………………（157）
　第八节　打手歌 …………………………………（161）
　第九节　天轮地煞图 ……………………………（163）

附录 ………………………………………………（182）

几经宝笈垂仁教终将一愿演万轮
　——真阳·李兆生先生简介及学术思想概述 ……（182）
云雷旧迹隐龙虎 …………………………………（183）
故国神游全旧梦 …………………………………（185）
一片玉章见华昭 …………………………………（188）
黄钟大吕唱长春 …………………………………（191）

目 录

万法真如演大千 …………………………………… (194)

养真泛武翻作拳 …………………………………… (196)

医道有情执金针 …………………………………… (198)

火工迟迟周大甲 …………………………………… (200)

天人造物呈规矩 …………………………………… (203)

为著金编呈岁月 …………………………………… (206)

三千教化垂仁蒂 …………………………………… (208)

泛谈循经太极拳二十四式的操修原则

经络理论产生于传统的修真，晋·天福年间的《烟罗子朝真图》是世界上最早的人体内境解剖图，同时经络理论也是祖国传统医学的理论根基之一，乃至对于民族文化的发展都有着重要的影响。

张三丰祖师内丹玄化之后创太极内脉，并将这一雅俗共赏、无论对修真还是身体健康都有着神奇功效的太极拳贡献给社会，使其流传于世。气血的循经使操修之人在举手投足之际强身健体，陶冶性情。这正是太极拳能使锻炼者身体健康、益寿延年的真正原因。《灵枢·经脉》："人始生，先成精，精成而脑髓生，骨为干，脉为营，筋为刚，肉为墙，皮肤坚而毛发长。谷（饮食）入于胃，脉道以通，血气乃行。"饮食进入肠胃，水谷之气沿体内的脉络循行，温养全身，身体才能健康。三丰祖师将太极十三式作为武当对人类的贡献，流行于社会，"欲使天下众英豪颐（益）寿延年"。太极拳这一天人合一的产物，成为今天全民健身的运动项目，乃至作为健康、和平与文化的使者，波泛海内外。

1998年9月3日，为纪念邓小平"太极拳好"题词20周年，《人民日报》载文："太极拳有很高的健身养生价值和高雅的文化品位，目前我国有数千万人操演太极拳。1978

年邓小平同志访日回国后，11月中旬，日本众议院副议长三宅正一率领日本文化代表团访问中国，在欢迎午宴上，邓小平畅谈了太极拳的许多益处和哲理。会后应三宅正一的要求，邓小平欣然题写了'太极拳好'的题词。自国务院颁布《全民健身计划纲要》以后，尤其是去年江泽民主席题词'全民健身，利国利民，功在当代，利在千秋'以来，太极拳运动的发展达到了前所未有的规模。"

近年来，传统的脉学宗传，虽然被世人所重，或推为丰巨，一些学者名家也致力于此而奋蹄，但由于历史条件的各种局限，致使史学上的流真荒在瑞野，真知少识，而世事更是鱼龙混杂，泥沙俱下！每见沽誉摇旗者，流有余害无穷。笔者思及唐代孙思邈真人喻在世为医者，应重医德"华夷愚智，皆乃亲之"，不做欺心之"含灵之巨贼"，于此感慨良多……每每摇笔作书，以期广剖珠晶，让散失的文化重焕本颜，也好让后人在学识上有所依据，有所证真。作为一代武当先天太极门之宗风传真，复推出太极拳内操之精微学识，这既是愿传统学识能正本清源，同时又是吁请世人也应为此做出艰辛的努力。

由于太极拳的种类较多，风格各异，初学者掌握起来比较困难，为了适应太极拳爱好者的需要，新中国成立初期国家体委组织专家在调查研究的基础上，把在群众中流传较广的原有太极拳套路进行了整理，编出了一套简化太极拳，也称24式简化太极拳。24式简化太极拳简明扼要，易学易练，易于掌握，通过几十年的实践证明，它受到了国内外太极拳爱好者的一致好评，成为流传最为广泛的太极拳套路。

太极拳作为一项保健强身的运动，动作上一定要有标准规范。即如写字一样，要有法度，才可称为书法。合度即是符合运动标准尺度。其中隐含非常之妙，寻求"天垂之象"。褚遂良在《笔髓论》中说："禀阴阳而动静，体万物以成形。"故书宗又称书道，太极拳也是这样，要有风范，更要有标准，如此乃形成法度。字若失去法度，只能给人以稚幼无知之感。而太极拳倘若失去法度，会对人身心造成不良的影响。

新中国成立初期的丹医大师周潜川先生对太极拳深有研究，并对太极拳有过建议。先生在《气功药饵疗法与救治偏差手术》一书中说："根据上述我的意见，赞成近年推行的简化太极拳，并且希望恢复十三式的本来面目。因为简化太极拳虽是精华，但是只打架子，缺乏运气的内功，是不够的。同时建议各家指导太极拳的老师们，精研改进。把改进的总结，贡献给党和政府的主管机关，以供作综合钻研的材料。"

可惜的是原始太极十三式已是知其名者众，而得其脉传懂其内涵者少之又少，只在宗风内还得以保留其神迹。数百年来，太极拳泛传于社会，分支无数，但是没有运气内涵的锻炼，很难达到当年三丰祖师贡献太极拳于社会"欲使天下众英豪颐（益）寿延年"的目的。笔者在写作《中国太极拳统真大典》之余，为使太极拳这一武当派五百年前奉献于社会的锻炼内容，在今天的社会中为增进人民的健康起到更大的作用，也更好地实现当年三丰祖师的愿望，笔者从弘扬民族传统文化的角度对原二十四式简化太极拳进行剖析、升华，使之近于完善，重新赋予其循经内涵，与国家全民健身的时代精神相合，并"愿太极拳的生命焕发出新的光彩"。

根据实际的教学情况，只要操修者认真理解书中的内容，按照书中所讲授的内容坚持锻炼，细心体会，绝大多数人都会有循经的感受。本书介绍的循经太极拳是活步太极拳，以人为本，不被死的套路所限制，以武演道，因地制宜、因人而异。

　　年轻人身体本来就强壮，做起来柔中自然带着刚强之气势，举手投足有使不完的力气，自然身架比较低，握拳有力。年岁大的经历了沧桑岁月的洗礼，关节肌肉已经不是非常灵活，做起来架子自然就比较高，动作也是以柔顺为主。体育场上数百人齐唰唰地像走正步一样地打太极拳，那只是一种表演，并不适用于真实的锻炼身体，有实际教学经验的老师都应该清楚这一点。年轻人一个弓步一米半，还意犹未尽，而有的老年人跨出一米已经是很勉强了。如果这时以遵循套路为理由，强迫练习者一步必须跨出多远，实在是强人所难。

　　古语云："有酒学仙，无酒学佛。"这正是体现了一种实事求是、因地制宜的思想。人是灵活的，物体和环境是相对静止不变的。某些太极拳的教学书籍把套路规定得非常死板，必须先向左几步，再向右几步，方向位置丝毫不允许有差错。其实这也体现了教学者境界、学识的局限。打太极拳的目的毕竟不是做团体操练，身体健康远比整齐划一要有实际的意义。武当有"拳打卧牛之地"之语，曾记得当年武当太乙神剑派的掌门人关亨九老先生，在自家不足10平米的斗室中便可以练太乙神剑。

　　因而太极拳重在拳意，并不局限于具体的套路。循经太极拳更是要实事求是，千万不能让自身气血的自然循行被死的套路所限制。传统学识中的天人合一观认为，自然界中的风、寒、暑、湿、燥、火（六因），人情方面的喜、怒、忧、思、悲、恐、惊（七情），作为内外之因都影响着人身的健康。人在大自然的影响之下，脏腑、经络在生理、病理上都存在着相应的关系。也就是说正值某一经的气血来潮时，相关的脏腑则必有应之。那么气血旺盛的对应时辰，则也相应于相关脏腑。《子午流注》等医学实践足可验之。太极操修是以手足相因的内脉来乘阴阳盈亏现象，以招术来完成内脉之循经，也可以说是手足相因的动作协调着内脉的循经。总而观之，太极内练的循经是通过动作来完成的，而动作的迟速、转换、轻重之虞都会直接影响循经的阴阳平衡。学员在确有气血循经之前应该按照书中所介绍的动作要领来学习。

每个人都有其各自的特点，正宗太极拳每个式子有每个式子的锻炼目的，有的是三阳气脉先行，有的是三阴气脉领先，有的是六脉并行。为师者（《师真篇》）一是"弘传统之法乳，哺化群生"以行圣人之有教无类，二是"因人施教，授之以真"，即因人而异，以人为本。在具体锻炼中则是"如人饮水，冷暖自知"，要细心体会，认真学习。就像传统武术器械一样，有人喜欢练剑，有人喜欢耍刀，有人喜欢舞大锤，各自有各自的情况。太极拳也是一样，有的学员练云手循经感受明显，有经脉循行的效果，练完后神清气爽。那就可以单独练云手，左进步、右进步、前进、后退都是云手，一个动作可以反复做，不必拘泥于套路；有的年轻学员血气方刚，就喜欢做循经太极拳的"太极四手"，即循经太极拳基础功"玉环桩"，那就可以进行成百上千次地练习。各人有各人的情况，各人有各人的喜好，三阴气脉迟速就应该多练习三阴气脉的式子，三阳气脉迟速就可以多练习三阳气脉的式子。总之，不要被套路所限制，也不应当被其所限制。因此无论是追求身体健康，还是习武强身，乃至传统修真，都可以从太极拳的锻炼中得到很大的收获。无论是儿童、青年、中老年人，中国人还是外国人都可以操演太极拳，并从中受益。

人体所有的气脉，十二正经，奇经八脉，阴维、阳维，阴跷、阳跷，浮络孙络，二十多部，形成了一个综合的人体生理结构网，这种网是处处相通的。古人认为"内景隧道，惟返观者，可照察之"，通过专修的锻炼方法，自己可以深悟其中的内涵。比如手太阴肺经。在中医理论中，在经络图里到两个手大指玄英穴就中止了。我们通过操演太极拳，让手太阴肺经通畅，首先会感受到呼吸顺畅。肺为五脏之华盖，肺脉可以开通百脉，肺主平衡……若以内丹为专修，演练金风吹脉时，经络血脉便会这么转或那么转。但是必须是有丹经武学基础，要精通人体二十部经络气脉道路之人，才会有这种深刻的体会。

汉字是天垂之象，写字和打拳、练剑有着千丝万缕的联系。汉字，古人称作"笔走龙蛇"，"笔走龙蛇"是说血脉像流泉那样，像瀑布那样，像行云一样。打太极拳速度快慢如行云流水。"行云流水"不只是动作悠缓，不能由始至终像机器一样，始终是一个速度转，没有快没有慢。乱云飞渡也是"行云"。"乱云飞渡"，速度非常快。瀑布也是流水，瀑布，刹那之间一泻千里。"飞流直下三千尺，疑是银河落九天"。水在池中微风鼓浪，一丝清风就可以振起一点波澜，稍稍地流出一点也是流水，它与瀑布的速度是不一样的。古人对"行云流水"已经概括得非常精炼：有快有慢，有紧有缓，有刚有柔，有大有小，有宏观的有微妙的，有微观的看不到的，只能用心去感受的。打太极拳的时候，写字的时候，都要如"行云流水"。王宗岳在"十三势行功歌诀"中写得清楚："若言体用何为准，意气君来骨肉臣"，"若不向此推求去，枉费功夫贻叹息"。骨肉尚且为"臣"，何况套路？就像小学生学写字一样，开始的时候需要用田字格或是米字格的写字本，后来就不需要用了，当写草书时就是"乱云飞渡"，"驰神为迹"了。打太极拳贵在神意领先，每个人气血的流行都有其各自的特点，就是同一个人在不同的时间段，其气血流行的速度部位也都是不同的，这些在《子午流注》中叙述得很清楚。

所以说打太极拳不是走正步做团体操，不能"整齐划一"。动作要如行云流水，要因人而异，从实践当中体会。"实践是检验真理的唯一标准"。

实际教学中许多学员通过操演循经太极拳，渐渐体会到了经络循行的含义，同时对太极拳也有了更深刻的了解。有了循经的学识内涵，就像有了一把尺子，虽然判别的程度有限，但至少可以以此来权衡什么是不对的，权衡哪些是欠缺的，从而努力向完整的方向去探索。相信他们在体会到"太极拳好"的同时，必能深味当年三丰祖师"欲使天下众英豪颐（益）寿延年"的内涵。

希望简化二十四式太极拳更完美

太极拳是中华民族的文化瑰宝，渊源流长，博大精深，诞生和发展在中华数千年的历史长河中。它既古老又新颖，既高雅又朴素，还具有很高的观赏价值，是在我国古代哲学、医学、武术、养生、导引、吐纳等文化精华孕育下的一株奇葩。它形成了一套独特的锻炼方法，因而不论是在技击方面还是在强身健体方面，太极拳都有别于其他的体育项目。太极拳在操练过程中强调神意主导动作，气沉丹田，心静体松，重在吐纳。它把拳术中手眼身步的协调配合与导引吐纳有机地结合起来，这就使太极拳成为内外统一的拳术运动。它顺应了人体自然规律，轻松柔和。近年来观察结果表明，长期操演对人体的中枢神经系统起着良好的调节作用。它能够加强心血管系统、呼吸系统的功能，使骨骼肌肉与人身各关节更加坚韧灵活。它能够改善新陈代谢的过程，对人体起着很好的保健作用。学练太极拳的目的，除了学习它最基本的动作外，更重要的是为了提高自身的健康水平，增强体质，祛病延年。若能持之以恒，功深日久，自能领略到其中的神韵，神游于多姿多彩的传统文化中。

由于太极拳的种类较多，风格各异，初学者掌握起来比较困难，为了适应太极拳爱好者的需要，新中国成立后，国家体委组织专家在调查研究的基础上，把在群众中流传较广的原有太极拳套路进行了整理，编写出了一套简化太极拳。《二十四式简化太极拳》简明扼要，易学易练，易于掌握，通过几十年的实践证明，它受到了国内外太极拳爱好者的一致好评。

而本书着重介绍《中国循经太极拳二十四式》，从《二十四式简化太极拳》的基本动作入手，以太极拳谱为纲要，采取完整示范，分解教学，对中国循经太极拳二十四式的各势进行讲解，从动作、教学要意（拳经纲要）、太极保健（行气导脉）、传统技法（武学参真）等几个方面来详细论述，以便提高锻炼效果，直接进入养气柔体的内在锻炼，增强健康保健作用。

《中国循经太极拳二十四式》主要在太极拳的阴阳气脉、分经流注的气脉循经做首次揭示。尤其是对太极拳的推动气血、内练循经的练法，配有较详细的注解。在动作上对简化太极拳的原式做精微校正，意在适应传统武学和循经内炼，使原二十四式太极拳更完美。为了更清晰地说明问题，采取对比的方法将原太极拳的理法附后，以便读者泾渭分明，把太极拳的操练提高到新层次。

太极拳是内外兼修、动静相因的功夫，动静之间直接影响着人身体的气血周流。随着近年来科学昌明，人类慧化，人类对人体本身的结构、体态、精神……都有质的变化和新的认识。通过竞技可以提高人征服自然、寻求健康的心理。太极拳作为练养兼行、击舞双并的传统武学，在近百年中对人类健康保健事业做出了应有的贡献。而今广播于大众的简化二十四式太极拳，若能与传统法度合一（先天太极三十六式见《中国太极拳统真大典》），顺应自然，符合标准，得到的强身健体的效果不是更美好些么？

《草书要领》记载："学书者病，贪秀则脆，好奇则野，肉满则滞，骨立则枯，刚胜易肆，柔胜易驰，皆非草书妙品。"故昔人于《草书诀》云："柔如金铁流，劲若蛟龙强，盖谓表里精粗，总诀刚柔交济为合拍。愚以为草书篆之变相，从用笔极于神化而立法，终不可离其宗也。刚柔适中堪为初学津梁。"在笔者的感觉简化二十四式太极拳何尝不是缺少标准尺度，缺少津梁？如太极拳的操修过程中，贪秀美则流于浮，失之沉稳；好奇勇则纵于野，涣之神彩；过迟缓则气滞，过捷敏则花草。阳刚则气浮，阴柔则体软。若手足身姿、迟速、位置，上下相连，刚柔相随，呼吸往来，表里循传，一势有一势之风彩，一招乘一招之神韵，乃可谓法近精良，"功弥久其技弥精"。

人身十二经脉，日行有常，晨昏不歇。手之三阳、三阴与足之三阳、三阴上下互为表里。倘若做普通动作，日常活动都不影响循经，唯独一有行拳的心理，一求拳速，一求内家则势必会影响身中气脉流行，一经失去平衡就会产生流弊。所以练太极拳犹重动作尺度，太极拳的古训则说"一举动周身俱要轻灵，犹须贯串，神宜内敛"，这些都是操拳的尺度，也像写字的血脉，流速一样。但是字的笔画有长短，操拳的动作有高低，久而久之则必然要影响经脉气血的周经缠度。

正像《武库遗真》所记载：

"会将真如合真脉，太乙气化转为真。"
"上冲太虚呈有象，下持妙法通脉轮。"
"金风吹脉循内景，金风掌法惊武林。"

练拳如同写字，这一文一武，都在不同程度上育化着人的身心，使人不断充实完美。真正作为宗传的传统太极拳之所以被称之为内家，就已经表明动作促使脉络之阴阳流注合度。真正在养气柔体、修脉练气的功夫上，武学内练则首推太极拳。为使太极拳的花开更加艳丽，则希望"简化太极拳二十四式"更加完美。

太极拳是以内外兼修为原则的一种锻练方法。简化太极拳虽仅二十四式，却使初学之人懂得和了解了太极拳之特点。有人说二十四式是太极拳的精华，但事实上并不是这样。目前的二十四式只是像普及知识那样，其中存在有某些不足，不能称作精华，还是有必要做一次实质性的修订。今天将这些不足纠正过来，让其更完美，并称为《中国循经太极拳二十四式》。它尽管不能一次尽善，也会实质性地对完美做出很大推进。

《中国循经太极拳二十四式》的每个式子，在完整的套路中都能像音符那样组成悦耳的曲子，都能像骨骼那样形成健美的身姿。每个动作的定势、动势都在相应地调整体态，平合气血，调节阴阳。人体在操拳行功的过程中，依赖着目光、动作、手足的相因配合，更重要的是太极拳的操修原则对人的整体都有一定的要求：如"腰为轴，气为轮""迈步如猫行，发劲似放箭""形于手指""一动无有不动""曲中求直"等等系列要求。

因此学拳的过程中,一定要在学动作的同时,对传统的经典谱文做必要的学习。对拳架的操修,对每个定式的演法,都要寻个究竟。为什么这样做,这样对人体机体这个完整的系统,会带来哪些影响?这都是令人深思的。

练拳正如写字一样,字的笔画大家都清楚,心里也明白。可是为什么自己写出来就不如别人写的完美呢,不是字的本身有错误,而是在书写过程中没有端正和完美间架结构。也就是说太极拳本身如同写字,只要在动作上修正正确就完美了。人们试想,身体中的穴位,不是能影响人的气血行经么?试问倘若医家取穴不准确,对病人来说能有好的疗效吗?太极拳的动作每每上下呼应,动作形如流水,有聚有散,有开有合,无疑地调节气血有升有降,经脉有阴有阳。如果站在这样的基点上来看,毫无疑问练拳要感觉动作是否准确,不正因其影响自身的气血行经吗?

"起势"之弊端

简化太极拳二十四式"起势"动作的要领:

"身体自然直立,两脚开立,与肩同宽,脚尖向前;两臂自然下垂,两手放在大腿外侧;眼向前平看。

【要点】头颈正直,下颌微向后收,不要故意挺胸或收腹。精神要集中。(起势由立正姿势开始,然后左脚向左分开,成开立步)。

两臂慢慢向前平举,两手高与肩平,与肩同宽,手心向下。上体保持正直,两腿屈膝下蹲;同时两掌轻轻下按,两肘下垂与两膝相对，眼平看前方。

【要点】两肩下沉，两肘松垂，手指自然微屈。屈膝松腰，臀部不可凸出，身体重心落于两腿中间。两臂下落要和身体下蹲的动作协调一致。"

对太极拳中的起势描述，大泛简化太极拳书中均没有交待清楚：即"同时两掌轻轻下按"。再如"两臂下落"，究竟按到什么位置，又落到哪个部位，读者茫然，不知所措。那么两掌下按，两臂下落以什么尺寸为依据呢？

吴式"两腿屈膝松胯半蹲，同时，两手屈臂，下按至胯旁，手心向下，指尖向前"。（《二十四式太极拳竞赛套路》中国武术研究院审定，人民体育出版社出版）

杨式"两肘下沉，自然地带动两掌慢慢向下按至大腿外侧，掌指向前，掌心向下，眼看前方"。（《二十四式太极拳竞赛套路》中国武术研究院审定，人民体育出版社出版）《太极拳竞赛套路》书中记录："上体保持正直，两腿缓缓屈膝半蹲，两掌轻轻下按，落于腹前，掌与膝相对。"（《太极拳竞赛套路》中华人民共和国，体育运动委员会武术研究院审定)

《简化太极拳挂图》（国家体育总局编）文中记录："上体保持正直，两腿屈膝下蹲，同时两掌轻轻下按，两肘下垂与两膝相对。"

《怎样教好练好简化太极拳》在文中记录："同时随屈膝下蹲，两臂慢慢下落，两掌轻轻下按至与腹部同高，展掌、舒指，两肩松沉，两肘微下垂与膝相对；落臂按掌须与出膝下蹲协调一致。"

《太极拳运动》一书中写到："上体保持正直，两腿屈膝下蹲；同时两掌轻轻下按，两肘下垂与两膝相对；眼平看前方。"

众说纷纭，莫可是衷，究竟两手置于何处为依据。

《太极拳丛书之三·太极拳九诀八十一式注解·吴孟侠吴兆峰》文说"在坠肘下坠时，肘尖即向后撤，两手到乳下为度，手心向外，虎口与十指全向上"。

人体是一个完整的复杂系统，五脏六腑，四肢百骸，筋骨皮肉，气血周经，阴阳气脉流行，奇经八脉，十二正经，乃有精神饱满。人之脉会太渊、气会膻中，膻中部位于两乳中间，正应肺脏，医典亦言：肺属金，肺调合百脉，肺主（气脉）平衡，肺为五脏之华盖，肺为声音之门。手少阴布膻中，足厥阴络于膻中。膻中者，心主之宫城也。心平气和，平心静气。膻中任脉穴，此三焦宗气所居是为上气海，故曰气会膻中。人身三百六十余穴（经外奇穴不纳于此），大泛正穴如此，如太空中星罗棋布一般，但终有一个经纬有序之布局分列吧!

根据太极拳的原则，一举动周身俱要轻灵，尤须贯穿。"上体保持正直"就是上体不动。"两腿缓缓屈膝半蹲，两掌轻轻下按，落于腹前，掌与膝相对"。这些动作怎么可能做出来呢。一动无有不动，上体不可能保持正直。两臂下落时必然有含胸吸腹劲力体现出来。上身保持正直与下蹲相对应的身姿相对，意味着上体不动的情况下下蹲，这是不可能做到的。实际上在做下蹲的动作时，必然有悬顶吸腹、含胸拔背的动作，所以"上体保持正直"是错误的，同时也符合太极拳"曲中求直"的原则。

两掌下按，腕低于肘时已经做不到两肘下垂，下垂意着腕高于肘。其腕低于肘时，下垂是不可能出现的，除非是脱臼有病。

就前胸而论，两乳相齐的中正点为膻中。膻中上下为胸为肺，左为心宫，《修真图》按"朱陵火府"。右谓玄宫。这里"玄"不是指玄武的玄，而是指玄虚的玄，指玄虚、玄空。左为心，右为肺。"黑虎掏心"并不是真正地打心宫心脏，而实质是指打胃部。青龙为肝，脾胃为黄婆。胃的下边才是腹，腹的下边是神阙，神阙下为丹田。神阙以下有膀胱、小肠。常人认为的腹，是在腰以下。腰以上是胃，腰以下是腹。那么究竟两掌下落就落在哪个部位上为标准。任何太极拳的书中都没做交待。而传统宗风认为置于膻中为佳。"气会膻中"这四个字已经交待清楚了。人身之气血交会在"膻中"这个部位，是医家之定论的常识。明确地说根据武通于医的道理，拳家不懂医家之生理常识是害人无穷的。实际上练习者通常下元亏损，这是客观事实。辩证而论，双手可以稍微再向下偏移，以在肺之下，胃之上为好。

"看手"之弊

就以"手挥琵琶"一势的"眼看左手食指"分析。眼光即为神光，武学中"眼为心之苗"。"眼动则心随，心动则意至"，"神意一到气血充之"。因此这动作一定要有如拳经所说"支撑八面"之势，要求具有六合之势。外六合是"肩与跨合、肘与膝合、手与足合"，内六合则是"气与力合、内与外合、神与意合"。"支撑八面"是指身中气脉有经纬如丝的交注，产生气力相合之势。典故所谓大将军始有八面威风，没有六合之式，怎能会产生八面威风之气势呢？

究武学而言，手挥琵琶势属于进击之法，以武学中断肘折肱法为之，武学中切忌看手。这又不是初学内功，要注意某个部位，使心静下来。"武通于医"，武学是通过形体的运动、特定的武学动作，来达到锻炼的目的。养成看手的习惯怎么观察敌变呢？可谓一叶遮目不见全林。眼看手这一习惯，切不可要。武学中主张"眼观六路，耳听八方"。太极拳何尝不是武学，并是较为高超之武学。试问看手除了能使气血周注于"手"这个部位，使全身气脉交会于手之过程而外，能获得"以武强身"的效果吗？"看手"势必会影响全身脏器百骸的平衡，如果不看手，不是可以更好增强气力的结合吗！

说穿了一句话，"看手"是来源于某些武学老师的贫学。从带徒弟开始，三五个徒弟教起来还可以照顾得过来，一旦人多了站在操场上，数十人一同练。动作姿势、身段造型、神态……很难统一。那么就出现了"看手"的要求，这是训练学前"育红班"的方法，久之多误学人。学练太极拳的行家们，不妨试一试不"看手"会觉得心境大有空阔之感，清新的境地会给你带来几分快意。

"全凭心意练功夫"，把心神目光放在"手足照顾不到的地方"。"形于手指"是说以手指的动姿来表现拳中的"情"与"势"。拳诀有言"练时情中有，用时形内含"。"形于手指"并不是让人用眼睛看手看指，而是用心神观注运动过程中手足所置的位置，体会招招式式的气血行经和武技演化。

眼睛照顾手足照顾不到的地方，是使人的造型创意进入了一个"全息"状态。眼睛看应该注视的虚空处，会使人的脑获得更充分的氧。神光则是用心意的眼光，更好地放开视野，可以使脑获得足够的氧，使脑细胞活跃，人才有充满活力的体验。不仅限于把眼光停留在手这样一个距离上，从武学上更充分地使心神安静下来，使人聪慧、洒脱。要慢慢培养"眼观六路，耳听八方"的"听力"与"听劲"。古人高瞻远瞩，更上一层楼，欲穷千里目，是何等的心胸，难道说我们今天行拳操持的文韬武略不比古人么？

眼看手的习惯，在整个套路中屡见不鲜，拳经说"进在云手，退在转肱"。再说"云手"吧，因为看手导致学人多限于左右摇头之嫌。如此动作怎么能做好"头顶悬"呢，怕是影响人气脉流通的脑梗眩晕又要萌发了。倘若养成看手的习惯，到后来学习推手时便会眼花缭乱的。盘架子是知己的功夫，而推手是知人的功夫，同时又是舍己从人的功夫，如果这时还停留在去看上下翻飞、左右盘旋的手，岂不是欲其昭昭实令其昏昏么？

"看手"如同初学驾驶的人，手还把握不住方向盘，教师会说"你眼看好方向盘"，这句话是过渡的话。你能在以后的开车日子里，眼看着方向盘去开车吗？其实"看手"也是这样，在初学练拳的前三五天，用眼睛看手是收敛日常生活中的眼神，让人进入练拳状态，但不是永远。要慢慢改变"看手"的习惯，让眼看应该看的位置。一旦动作稍有记忆时，就取消"看手"环节。"看手"只是对初学者教学过程中采取的过渡手段，用"看手"来控制初学者的思想。思想集中的学生可以直接看"虚空"处，这样会使动作更完美，这是一种客观现实。即便是主张"眼睛看手"的人，也不妨试一试不"看手"的体验，尝一尝不"看手"的滋味。这样将会得到一片沙漠中的绿洲，会有新的体验。学会自己原来不懂的东西，会在常识上大有进步。

如果按"手挥琵琶"一式，站好姿势，左手稍向左上转二三十度，呈掌心稍向上的动作，右手从左肘内侧移放在右胯外侧，做掌心向下的动作。保持这个姿势符合"支撑八面"的姿势，可以看手，调动周身气血充盈。这个动作曾在秦重三著的《保健气功》中以"三合式"的名字作以介绍。因为这样真正做到了"外六合"，气血虽动，不出偏差。"手挥琵琶"乃是拳中动作，本来不可以以看手来贯彻始终。一旦姿势掌握之后，即刻把"看手"这个过渡去掉，一是避免气血阴阳失度的偏差，二是武学中忌看手。形成习惯之后，如同在日常生活中"看手"乃至于吃饭、会客都"看手"，这不是"有病"么？

"手挥琵琶"一式之弊

现在来看"手挥琵琶"一式看手之弊。《简化太极拳二十四式》文中这样要求：

"右脚跟进半步，上体后坐，身体重心转至右腿上，上体半面向右转，左脚略提起稍向前移，变成左虚步，脚跟着地，脚尖翘起，膝部微屈；同时左手由左下向上挑举，高与鼻尖平，掌心向右，臂微屈；右手收回放在左臂肘部里侧，掌心向左，眼看左手食指。

【要点】身体要平稳自然，沉肩垂肘，胸部放松。左手上起时不要直向上挑，要由左向上、向前，微带弧形。右脚跟进时，脚掌先着地，再全腿踏实。身体重心后移和左手上起,右手回收要协调一致。"

分析一下"手挥琵琶"的动作姿势,是否符合脏象内景与武学操修的气脉流注。

以传统宗风而论,"顾住三前盼七星",即照顾到自己的眼前、身前、脚前,这是传统武学的三前。那么七星呢,则是对方的肩、肘、膝、胯、头、手、足这七个能进击的部位。以三前来论(即自我身前的方位分析),左右两肩的边锋,形成两条竖线,犹如人的左右边缘线,按传统武学是为边锋。那么这左右的边际线,就构成了人与自然的分界线。以鼻到神阙穴(肚脐)这样一条上下的竖线则为中心线,传统武学又称之为子午线。除此而外,还有以两乳为准上至肩窝穴,下至大腿内侧之动脉,这上下形成的两条线为左右线,传统武学将其称之为左右脉线。

那么,"手挥琵琶势"的左手上举式是位于哪条竖线呢?各类版本都没有说清楚。传统宗风认为,应该是左手位于左脉这条竖线上。左手位于左边锋的线上,这势必会导致身中的气血偏于左移,倘若左手与右手都位于正中线,那么手挥琵琶势则会化成形意的劈拳起势。不论手挥琵琶的左手位于身前的哪条竖线上,最关键的要害则是"眼看左手食指"的说法。此时右手应收回放到左臂里侧。

"手挥琵琶势"中"眼看左食指"的弊病,问题就出现在:"右脚跟进半步,上体后坐,身体重心转至右腿上,上体半面向右转,左脚略提起稍向前移,变成左虚步,脚跟着地,脚尖翘起,膝部微屈;同时左手向左下向上挑举,高与鼻尖平,掌心向右,臂微屈;右手收回放在左臂肘部里侧,掌心向左,眼看左手食指。"若是重心放在右腿上,那么这两只手的位置都是偏高于左上，影响气血流注，再加上"眼看左手食指"，体内形成了"双重"的运化局面，气血流注之偏差即刻出现了，这便是"手挥琵琶"之弊。按传统宗风所言，"目光应为平视"，头移动20°左右转为正平视状态。

祖国医学认为"气为血之帅，血为气之母"。目为神光所聚，统领一身行功，乃拳家武学所重。在内者受五脏六腑之精华，若日月丽天而不可掩。又云在人者二目，在天者日月。左阳右阴，涵光垂象，毓采安仪。吐桑浴渊，微波秋水。操拳演武，神运二目。遥视之，宣合脏腑之机，清透和畅，神清飞扬。然近睹之，聚敛神光之势，凝清真晶，物华可静定。远近通达可调水火于玄鼎之中，权做运真，练神为上。为武者可眼观六路，凝神扫视，视群雄如草芥，注阵天地，亦如掌上观纹。修真者可藏神于斯，纳乾坤于环中，真貌内景，观人观我观物，观理以畅情，观物以省真。文武同宗，人为孰列病殃，不可不知。神凝于斯，观心悟道审之。

有人会问，眼看左手的食指有什么不对呢？眼看左手食指会使心血偏离平衡，会在心区及头部其他部位出现燥热。因为目光所视决定于气脉的沉浮，气行则血至，那么眼看左手食指，食指乃阳明胃经，与足阳明大肠经互为表里。眼看即为神光所注，使气机上浮，气脉偏于左。神光注视着食指，气脉就会出现"短路"现象。简化太极拳并没有提到参同功谱与参同口诀之说，那么势必会导致"阳经上浮，阴经过迟"之弊，产生轻微的眩晕状态，若经络敏感则弊发于病。这种气脉的逆行势必会导致脑梗与眩晕、记忆力减退、失眠，某些疾病的发生，如消渴症（糖尿病）、心脏病、肾功能低下、美尼尔氏综合症、高血压、脑供血不足、气血衰败等等,这些危机是导致人发病的诱因。患有这些病症者,切记更不可看手。又如"云手"一势,云手里出现"眼看左手,眼看右手,眼看左手",看完手之后恢复正常,然后再看云手的"三进三跟步"这种左右的动作,配合"看手"也会导致气脉浮动,脑供血不足,产生眩晕。

类似于这些偏差现象,笔者会一一论述。二十四式太极拳眼看左手,眼看右手有如下多处。眼看右手处:左右野马分鬃,左右搂膝拗步,左右侧转肱,左右揽雀尾,高探马,左下势独立,十字手,左右野马分鬃(面向右前方眼看右手);眼看左手处:左右野马分鬃,白鹤亮翅,左右搂膝拗步,左右揽雀尾,单鞭,云手,单鞭,转身左蹬脚,左右下势独立,左右穿梭,闪通臂。

从以上分析看,如果说名为太极拳则不如说是"看手拳"。"看手"这是简化太极拳的缺陷处。练太极拳的大多数人都是希望通过练拳减少疾病健康人的身体,况且练太极拳的人大多数并非身体健康的人,而是通过练拳期待着有个好的健康状态。

那么患有上述病症的人以及常人,在练太极拳的过程中切记一定不要看手。在行拳过程中看手,会导致某些疾病的萌发。因简化太极拳虽然是精华,但缺少运气的内容。没有运气的内容,而又着重用眼睛看手,会导致阴阳的气脉出现不平和的状态。

"两臂抬平"的动作分析

又如"两臂慢慢向前平举,两手高与肩平,手心向下"

（简化太极拳挂图）"两臂慢慢向前平举至两手高与肩平，两臂自然伸直（不要用力挺直），距离与肩同宽，两肘微下垂（肘尖不要外敞），两肩松沉，两手手心向下，手指微屈，指尖向前"（《怎样教好练好简化太极拳》），都讲到"两手臂平伸"，这是不对的。宗风所按，以《太极拳论》为原则。太极拳经典讲"曲中求直"，太极拳起势应该是阳气升腾所至。两臂抬平的动作应该以双手的腕部为抬起的至高点。两臂不要以伸直为度，伸直会影响气脉流通，应该"曲中求直"。为什么这样做，是根据身体结构原理，以尽混元之象（前后为长圆，左右为扁圆）。吊腕而起，是以腕打出击，向下落时，两掌骨向下砸，这是传统宗风的切腕，五指轮张向下砸。

　　回过头来再看"两臂抬平"的动作分析，为什么以"两臂抬平"做动作为开太极的开拳势。太极拳运动要求呼吸"细、柔、深、长"，动作要缓慢，有益于动作和气脉行经内外相调。明·张介宾言："万物之气，皆自地而升也……言足(经)则通身上下经气皆尽，而手在其中矣。"依易理而言，地气升腾，天阳下降。太极拳之操持合天人一贯之理，在太极之初，事必阳升气化，顺遂阴阳动静而升降，因为（人是立体动物，不可能手足共动）人手三阳气脉先动，故要"两臂慢慢向前平举"。（人手足分为十二经：六阴六阳、手三阴手三阳、足三阴足三阳）手三阳之经脉在手臂的外部。抬平为准，过高则阳亢，过低则不足。与肩同宽，两手臂窄宽同肩宽，胸间气脉不得宣通，窄则弊之，宽则过之。同时手少阴心经、手太阳小肠经、手太阴肺经、手阳明大肠经……都会因动作异殊，影响产生流度多少而久之出现失去准度。（简化太极拳二十四式，是根据传统太极拳缩减的，笔者今天写此内容，是使其动作更利于经脉循环，略加订正，意在内练上下功夫，让操练者掌握更精准的操演风范）。

两臂慢慢向前平举，即是"高与肩平"。注意，两臂平举时，切忌伸得过直。一是过直上臂和前臂不能放松，不松则不灵活，僵硬有碍于气脉行经；二是过于直，正面观之，胸腹全露失于防范，这类错误被传统术语称为"大敞门"，是说胸腹露空，便于对方进击，拳经又有"中节不明，全身是空"的说法。

两臂慢慢向前平举。即是上臂和前臂平举，不包括手。从关节上分，是肩肘腕这三节关系，以肩为抬臂之轴，肘要微弯，腕上抬时，两手相随。"运劲如抽丝，迈步如猫行"，"迈步如猫行"，仔细观察猫的前爪腕步以下是松的，小腿前举，而爪做"搭拉状"，是手心虚含，手指向下垂悬，指尖微微内操，如提拿球状。手随两臂上抬时即做抓球状，随两臂抬平而呈提拿球状，五指虚扣，举动虚灵。这是古人造意"一举动，周身俱要轻灵"。上臂和前臂之间肘微弯，呈古懦状。（即像饮水中含碘不足所患有克山病形成的大骨节病的人四肢伸不直那样。）略有其意则可，一是懦弱外形，二是谦恭退让之心，传统术语而言"威猛生之，收藏在内"，不做"神勇状"，而要"内无其心，外无其象"。身心中唯一团元气，"长教身心养太合"，这样利于养心养性。按宗风武学，一露威猛之象，尽管与对方打个平手，也算输。旧传少林在交锋中，起势时露出门户，则只许胜不许败，一旦败下阵来，有辱门户，是宗风所忌者。

两臂抬平而后，从上向下的俯视图，两臂不是两条直线而是相对的两条弧线（即像括号一样），这样能松弛中寓刚，利于经脉循环。从技法上也可以"顾住三前"，一是减少胸腹的暴露部分，即两只手的间隔距离为："短于两肩阔，长于肘腕平"；二是对方在进击时，我稍有转腰，即可随"抬臂"封住对方进击之手。旧传"抬臂"时前臂，腕可上崩击对方，因手三阳化力自然藏有威猛之势，双吊球也是"採在十指"的技法，同时可以用拿闭、分筋、挫骨等法应敌。此势又为"太极双吊球"式。

动作中，两臂向前平举，有人误将手指平伸，指尖向前。按传统宗风而言，还是遵照太极双吊球的手势为好。因为太极拳是"体用一焉"的操演锻炼法，拳诀有"练时情中有，用时形内含"的语句，告诉学人练拳的时候，是怎样的练法，同时懂得用法。一旦遇敌手施技出手，形态中自然含有技击的运化。若以双手掌心向下前方，指尖向前。那么则会给对方施以"采"法，挫伤自己手指的机会，不但会失去反击时机，也会使自己处于危险处境。就循经而言，指尖向前也会使阴阳气脉失之平和，手指伸平，反而不能放松不便灵活，手指向上弹打所用的反背抄掌，也显得无力。

弧形运动和"球形"体现的分析

在太极拳二十四式完整行功中（在传统套路里更加明显）离不开弧形运动和球形的体现，甚至抱球的动作在行功过程中则反复出现多次。那么太极拳与球的关系是怎样的呢？动作中所抱的球是称作太极球还是什么？这已经是每个打太极拳的人都知道而说不清的。太极拳的书中也有这方面

的要求,如《简化太极拳》在第一节"初学太极拳的注意事项中"这样介绍:

"太极拳是我国民族文化遗产中一个体育项目,是一种较好的增强体质和预防疾病的手段。经常打太极拳,能提高我们的健康水平,保持充沛的精力,以便更好地参加社会主义革命和社会主义建设。

一般太极拳的特点,是动作柔和、缓慢、圆活、连贯,因此,要求打太极拳时做到:精神贯注,上下相随,虚实分明,连贯圆活,速度均匀,动作运行路线处处带有弧形,整套练习起来,好像行云流水,连绵不断。"

文中仅以"抱球"字样就有7处。

笔者认为,初学者若真是从朴实自然的基点出发,应该从吐纳导引开合升降的内炼入手,从而渐渐得知行功走架的路数。本来太极功是从混元一气的"元阴元阳育此体,太乙显化产真形"的混元球中开化出来的内容(为此笔者介绍宗传的混元球,作为法蒂供读者学人参识):

本书中介绍的混元功夫是内外同参的课业,有桩功、动功,配合内炼之法,逐渐转入宗传次第。混元门的功夫是武当派太乙、清虚、太极等外的功夫。初学以武演道,"以武来挡天下之求道者",然后以武演术,以术见道,与道合真,而涉参玄悟蒂之机。据次第而语,佛说"是法平等""法无高下",是言众生皆有佛性,道家所语,"凡有九窍者皆可成真"。而三才既列,上清下浊,此自然之势。日月经天循自然之机。混元是渐在太极门之上的宗传,"太乙参仙,混元炼气,太极演象",此三者虽是旧说,但其中无不包涵大哲之趣。(《真元宝笈》)

太极拳宗每以抱球为之，是由此演化而来，生化出诸种动作，如"野马分鬃"即为抱球而生其用，先以抱球敛气而生形，先聚凝其形而守其力，复而分封两手，以托掌横击运作内力，以虎口及前臂发人醒气。方向乃左右之间运化进前之势，分为上下，前后发之于敌，复而再敛（抱球）先敛聚而后发出。乃为太极，这样一聚一散，为开为合，阴阳相感，阴阳相生，兹才不失太极之本意。

宗风中有横运太极手之专修，横运太极手是以小混元球所化而生，两手左右分轮，各行其经。手在上与肩平齐，左右行之乃开手太阴肺脉。翻转之时，左右运循上约与肩齐，大指微向下，掌心稍展化捋手以助金气运行。翻转而后化托掌运至小腹处，即丹田处，循经内脉为金生水之脏象，左右手上下交综而行，这样一上一下，左右转轮循脉。两手虚含之处正是胃宫土位，人之后天纳水谷之脏，是以先天金水相生之脏象，至于后天，四肢摇则水谷消，运化生命之机契，方为行功之则律。每见世人不懂脏象、脉络，气血行经，苟于其术，多有违悖人身内脉之运化，而误授传人。真是一害自身，又遗害他人。可见行功应在内操上下功夫，只有宗习，不能做无知的创新，乃成大道矣。

中国循经太极拳二十四式

简化太极拳二十四式，其实只是二十三式，因第九与第十一式都是单鞭，动作相同。操拳过程中，两次单鞭的动作稍有异殊为好，更改一式为斜单鞭（参见《中国太极拳统真大典》）。新中国成立初期的丹医大师·周潜川先生在《气功药饵疗法与救治偏差手术》一书中亦说："根据上述，我的意见赞成近年推行的简化太极拳，并且希望恢复十三式的本来面目。因为简化太极拳虽是精华，但是只打架子，缺乏运气的内功，是不够的。同时建议各家指导太极功的老师们，精研改进。把改进的总结，贡献给党和政府的主管机关，以供作综合钻研的材料。"

二十四式简化太极拳，已经在民众中广泛流传，形成社会影响。为了提高其保健作用，提高从事锻练之层次，继而达到太极拳实质性的升华，健全其内操效果，把动作姿势稍做调节。调节后使动作规范化，略加准确化（以人体气脉循经为准据，以接近符合阴阳气脉循缠为准度），使其能向内操练气，循经合脉的方向上靠近，乃至于真正地将这简化太极拳与祖国医学、祖国武学中气脉流通之内操内炼学识接轨，"阴阳相贯，如环无端"，纳入"不偏不倚，忽隐忽现"达到平衡阴阳内操内家的宗风脉流中，使其成为方圆合度、循经衡准的太极学识，提高健康保健益寿强身的效果，故称为《中国循经太极拳二十四式》。

简化太极拳作为学习太极拳的一门基础常识，先需要从熟练动作开始，从简单的基础学起。简化太极拳虽仅二十四式，已经能使初学者了解掌握太极拳的运动风格。从简单的基础入手，再转入三十六式的缠经运化（《中国太极拳统真大典》），专习太极内操，精修太极内脉。因为简化太极拳毕竟不是完整的内操循经，根据笔者近20年来所做的社会调查所知，大凡经数十年简化的太极拳，可能会出现某些循经现象或是真气外游，仅可松软筋骨，不能敛气归窍。就锻练身体而言，和学习知识是一样的，不可能始终停留在幼学启蒙学写字的基础上，年深日久不得升华会起反作用的，这一点希望能引起学太极拳读者的注意。正确的锻炼方法应该是在掌握运动风格的基础上，周身动作协调，速度匀慢，呼吸自然之后，就要追求太极拳内脉内操的知识了（参见《中国太极拳统真大典》）。

任何一项事物、一项学识都必然地存在其道理。太极拳也应如此，那么将简化太极拳二十四式分析一下，使动作更为准确、确切为好。说明道理，讲清为什么要这样做，为什么这样做才符合气血行经阴阳平合，不致出现"三阴的气脉每每过迟，三阳的气脉，经常领先，太嫌过速，二者不能紧密地配合"之弊，实是有好处的。

当笔者著作《中国太极拳统真大典》由商务印书馆出版之际，弟子华新、项光明诸贤者随我去了武当山。按传统书做如此大卷，正是由于历代祖师留此一学，事毕要去金顶上叩拜祖师的。这是旧说，但也体现了任何学识的历史渊源。

在北京去襄樊的路上，由先天太极拳而谈到简化太极拳，华新、项光明遂建议我抽时间也把简化二十四式太极拳按先天三十六式太极拳循经那样写下操演谱文。

《灵枢·营卫生会篇》云："人焉受气？阴阳焉会？何气为营？何气为卫？营安从生？卫于焉会？歧伯答曰：人受气于谷，谷入于胃，以传与肺，五脏六腑，皆以受气，其清者为荣，浊者为卫，营在脉中，卫在脉外（按所谓营在脉中者，乃荣气在经脉之中，即十二经中之经气，非指血管之内的血脉，医家注书者常误认），营（气）周不休，五十而复大会，阴阳相贯，如环无端。卫气行于阴二十五度，行于阳二十五度，分为昼夜，故气至阳而起，至阴而止。"该篇又说："营出于中焦，卫生于下焦。"由是观之，古人所谓的荣气与卫气，并非空论。实属"有"也。

祖国医学指出"疏通经络，百病不生"的原则，亦有"通则不痛，痛则不通"的辩证道理，足以见之经络学说之精辟论。"经络内系脏腑，外通肢骸"关切到人身体之至精微。也是从这一时刻起，我决定一定要把《中国循经太极拳二十四式》写出来，奉献给大家，留给我们的后人。但要在保持其原貌的基础上能让二十四式简化太极拳循经，在动作的精微转换处使动作利于循经，把原来没有循经的动作赋予有循经生命的动作，实在不是一件容易的事情。

为使人身十二经脉气血运转流行，招招式式都应促使脉络之阴阳流注合度。按照《子午阴阳循经图》，我不止几十遍几百遍地练每个动作，体会阴阳气脉，行经是否平衡，经过多次气脉行经之后，用笔记录下准确无误的符合循经的动作，又一次次地修正、完善，直至最后定型。为使二十四式能循经，以自身体会做这种艰辛的探索，这两年多的甘苦是常人想象不到的。

遥想当年，三丰祖师开宗立教，创内家拳，创武当武术，最终在武林中享有声誉。三丰祖师创龙形大草和天龙神剑，饮誉武林，其特点是以文字的天垂之象，以文字的血脉与剑法合一，从更精于天垂之象的丹脉运行与道法自然与道合真，以术见道。"从龙形大草谈太极拳的内练循经"这篇文章（《中国太极统真大典》），从二十四式的太乙循经说到武当武术都忽略了丹脉的内修，违返了三丰遗教。在二十四式中，更应该遵循祖师遗教，武学是击舞双并，武当武术之所以闻名天下，不仅是以武来挡天下求道者，更重要的神髓在于武当武术——太极拳是三丰祖师创立的与道合真的武学，有内练、有丹道、有武学，是与天垂之象相合的。内修是有聚有散三丰祖师的遗教——益在延年，技击是最下等的。人老不以气血为能，循经对人体有益处。有了循经生命的太极拳，可以使操练的人们益寿长生，葆真全气，提高锻炼水平。这是关系到百千万亿练太极拳人的生命攸关之大事。

若是太极拳之锻炼，从练气合神入手，遵循循缠合度之阴阳流注，乃至更直接地强化身心，才符合"益寿延年不老春"的太极拳理想境地。现今太极拳如果没有循经，只停留在太极操的水平上，人们操练起来也就如同练柔软体操一样，从而达到活动筋骨，促进局部血液流行的效果，而达不到循经导脉、潜气内行、气血行经、延年益寿的效果。

正常人练太极拳，希望保健身体，以期延年，有病的人练太极拳当然是希望通过锻炼早日康复，或有助于康复，有的人出于对太极拳的兴趣，投身到太极拳的修炼中从而得到沉稳雅儒之心性。综而述之，倘若能领悟到循经内涵，岂不是使太极拳从此更上层楼，如虎添翼，在人生健康的路上飞跃！愿全世界练太极拳的人们"益寿延年不老春"，为社会多做贡献。

重新认识古老的太极拳，它赋予今天太极拳以崭新的生命，诗云：

神州日月仰华珍，共悟太极延阳春。
天期黄道感岁月，地泽紫极念斗辰。
阴阳缠循经自古，龙虎奔跃显由今。
为尊法象参内脉，喜看颐寿万亿人。

第一章　太极说真

第一节　太极演真

自三丰祖师开宗以来，随历史潮水而泛波留有丹道修真，太极演真，贤侠剑道诸法，隐于武林。修真之传演于丹道有"三界修真法，万乘统元功"，是以真元之气修身，练养兼备而合于内景丹道，应九转玄功，发之道妙。法贵精良，术有承习，究诸密技玄学，潜在贤侠剑道中，别有正传，非是武当丹脉不见神授。故使人久慕英名，流誉海上，是武当之学中又一支矣。唯有"太极"远在五百年前流于世上，警喻时人以太极为用，以求健身修持，演为内功，潜形而敛，每以纯功隐于"太极"者，泛众无限，何以均言太极者乃未肯泄尽玄机之故也。

近人每探太极（拳）之源流，考计何能，当知本系自知其源，外人只可捕风捉影耳。每见于世传之太极以拳言之，详窥其内外形真，太极拳只有"撇身捶""搬拦捶""进步栽捶""指裆捶""肘底捶"，然"弯弓射虎"也曾是握拳以捶。（又见流于八卦掌中有破臂砸捶，形意中有崩捶等。）除几捶握拳而外，其余诸式之动静，均以掌法出之，言太极拳而不言太极掌，何也？夫太极拳者，是以动静之法，并参吐纳之功，形于缠经导引，而以气运身入于武途者，法演太极之势，以应运化，故留下太极行功十三式之传。太极拳中每有孔雀之势，亦可以引证故事，先师曾授余曰：太极拳本先祖于五百年前舍之而流传于世。每见武当真法隐迹山中，多少英杰志士叩教演法，多少逸士权贵发心武学，一时难以鉴其动静。抱朴子曰："初以授人，皆从浅始，有志不怠，勤劳可知，方乃告其要耳。""但人性多躁，少能安静以修其道耳。"故多以演太极之法于人，是名太极。是太极广为流传之由依也。先祖以丹道隐于武林，何以轻视妄传之，斯学非浅，故武当真宗曾经以武来挡天下之求道者，是名武当。复论太极拳，乃武当绝传之八法神捶中之数势所化为是，更有他法复不隐现，如绕步横捶、排山青龙捶、砸捶、碰捶、掂捶、卧步螺旋捶，共以八法应之，合为二十四根，六十四捶，三百八十四展，乃八法神捶。（愿将武当神髓中八法神捶撰文写真，为同门道友合参研究，参阅"搬拦捶法经三变"句解。）又太极中"孔雀"之法，系"孔雀三势"中杀法，取提"孔雀开屏"，"孔雀抖翎"二势未传，只存"揽雀尾"一势耳。

后人考太极拳源于陈家沟，或考于明将戚继光之拳谱等诸说强为太极之源，非三丰祖传，或言见于他史言三丰祖见鹤见龟而演太极之说。近代之史，是流支陈王廷于太极拳自序曾喻，"到老来一卷黄庭随身伴，造拳以示儿孙"。可见陈氏修真有术，启于《黄庭经》，昔贤言黄庭乃道德真言，显于修真而已。（今人匪之陈王廷，尝言亡做，尚不知黄庭喻之何物。陈氏真能以黄庭为本以发微拳例为太极，也未尝

第一章 太极说真

不可以见。）

复论太极以十三式定论。而诀经云，"如滔滔大河"之句，以演气势也。是名长拳。揭示太极之本意，初之以内气运身，内外缠经，行之有度，发于本真，现形于掤、捋、挤、按、采、挒、肘、靠、进、退、顾、盼、定。实十三式中反复迁变，形太极之体，用以修身，应于武学，然十三式中进退按太极之论，当为一法也，顾盼一法也，此仅余存十一式而何？夫另见二法隐于修真，不肯轻授而言，此后二诀之势，乃"中""守"二字，"中"乃求意追涉于太极本始，不弃不离，"思虑通审，志气和平，不激不励"，孔子所谓"从心所欲，不逾距"，孙过庭"初谓未及，中则过之，后乃通会"。乃见于诸法行功之境地，均以不成熟至成熟之过程，合平正与险绝融为一体，方是功纯炉火，更为中庸之道。唯不前不后，不左不右，不刚不柔，不放不纵，不擒不随，不上不下，乃为中也。当然于修真之畴另有别隐。"守"字是对敌之拒，守我本真，不激不历，发乎旨，本乎心。守住自己门户，闭住他人手脚，而修真更见隐奥，恕不直言。追而涉之，太极之法，流出武当是实。应该说，武当正传自以太极出之，行有道妙，是太极之必然也。反而论之，得太极之传者，并非武当一脉，实窥为散流。今以弘扬武当之学识，应结万众，发心于道，利益群生，以求广传，是所闻者，当受其益，乃当年祖师创业开宗之愿，留有遗说，愿武当同宗共勉之。

概而叙之，太极者，或言某家某势，乃初为其形，未窥其真。太极之学当以学识之风格而论，喻其质，求其"易"，言其概，是太极之本始，如先师所授太极中之诸宗诸门，乃如意太极、浑天太极、混元太极、六合太极、先天太极、太极元功、太极散手、太极打手（今人言打手即推手，余按非之）、太极原象等诸宗法识数术，以剖尽太极之学也。

武当以太极演真，筑基根本，力求生化太乙，以期太乙神功，太乙循经，太乙修真之次第，法度精良，乃又一境地耳，当以别裁论之。按武功拳脚，正宗多以内功掌法出之，如"九转八盘游龙掌""金龙三式"等均以内行修真之法，循经流注，百脉融合，调龙虎以期大成；外动应于武轮，随人我变化，走马交锋，应敌在一念之中，是武途之命蒂，如此方为内家之功。仅以历代传统之（器械）兵器，均列为洞天，第一洞天藏有三十六般奇兵所示。传有《神兵武库》，以鉴先范。

如今武当之功，限于阴差阳错，多以内功养真，健康保健出之，武技作用已不显，为健身之目的。噫！武林之隐者，先贤多以称古为尊。过去武当之杀法，先切断敌之四肢，复可打伤五脏，更甚者以致神形俱灭。诸种绝技，伤残尽在一念之间，皆因内功所致。今昔之据，各见精良，故多以疗疾强身而施法，行之修真。武当尤以剑法驰名天下，先宗遗法三十六剑，各显异殊，系击舞双并之剑，自以行气，外以避敌，每见历代正宗皆不摆擂台，乃此意深隐矣。故为阴阳之差。

畅言武林曾凭斯术以冠群英，然今人多以生活为计，何肯以终生尽其武途。呜呼，大道畅然，念先师法祖，留妙注于人间，当以济生同往，后有余波。先辈者多越古稀耄耋，避住长生，不作拳脚。吾辈亦尊祖训，试法精良，有启后承前之旨，为此多作注脚，刊流宗风，以餐我武途，弘愿是此。视后学来者稀矣，是术仅以太极演真窥测武当，书之旨矣。盖见诸君，发乎于心，乃示武当学识"金剑飞灵，丹砂腾瑞"照彻人寰是矣。

第二节 民族文化的萌芽——太极说源

中国上下几千年的历史中概以传统文明而言，要首推唐代为誉。"路不拾遗，夜不闭户"之风俗，文化之繁荣昌盛，堪称文明之极。中国的唐代是黄金时代。自唐而后则是明代，明是继唐而后又一辉煌的岁月。这个时代的文明创造屡屡接踵，明永乐年间的《永乐大典》《中华大藏经》、万历年间的《道藏》则是典范。从唐诗到明小说，可以说是一个新开端。《西游记》《封神演义》《本草纲目》，这些仅是文化修为方面的反映。具体就服饰而言，明代的朝服是集中国历代饰风之锦绣大全。武学也随文化的繁荣而臻全。从宋元时代的九脉雁阵，到明之九宗汇元、九脉合真，"这则是国术发展史上的千古奇峰"。"古人以九脉的雄姿，合真统一了我中华大地之千古国术，使之斯学有了一个完整壮观的创举。为国术中的武学修真统一了数百年来学术上的分歧。'武库遗真'为国学留下了惊天动地，光耀古人的著作。"（《翰墨缘·概言九脉合真》）

"由太古草昧时期对图腾的崇拜心理到秦汉朝时期的修仙、神仙学说；从远在殷商埋藏的铜玺在安阳出土，联想道家印符的延习使用；从人类生命的起始，来看古人创出的修

真国学，不难看出这里面有一定的相关处。"(《翰墨缘·道家印存与符节的演化》)

"在中华这块土地上，组成传统文化的美德力量是道家与儒家，其中也掺入了佛学。而中国古老传统文化的根在道教，道教是在中华这块丰富的土壤中，孕育出民族文化的萌芽。"(《翰墨缘·金轮垂象》)

中国太极拳也曾是这个历史时期蕴藏哺育的传统风范之生命。明代这个伟大的时刻，在国学史上是辉煌的。就太极拳而论，明代也是一个特异的岁月，明代以传统国学风貌而化身的民族文化空前绚丽，太极拳的权威代表人物，当年超越武学与修真，创立内家学风之开宗元祖张三丰祖师，将内家学脉创后来宗风，开一代先河。人称三丰祖师为尊是有其历史根源的。太极拳与丹家丹脉的修真国学相比而言，则是更不足言的。人称张三丰祖师创太极拳扬天下，均崇真祖三丰是合于情理的（关于张三丰创武当的史话，当为别题而论）。在武当传宗的门派之中，太极拳也是一个门户，是相间于自然门与金门的修为。从史学参真而言，太极拳尊张三丰为开祖，是指三丰祖师将唐代传之先天太极拳纳合于丹道，融武学丹道于一物，故使太极与丹法合参之共性，归于参同周易。丹道以静潜动，太极为拳以动循"易"之律，而经化乾阳。因而武功参同修真，再造血肉神魂，使太极拳有了一个超越空前的崭新生命，使太极拳开一代先河，作为内家血统而传宗后世。

这是太极拳自明而后纳入武学、丹法、内循经脉、外操形骸的先范。"在人类的历史上始终存在着一种巨大的隐藏力量，这些力量在时间的作用下，有的继以发展，有的予以

第一章　太极说真

淡忘。在这种人类所特有的力量中，交织了多种学科的相互渗化。"(《翰墨缘·中国丹道家饰文艺术·序》)概而言之，明代张三丰创太极，作为一代开真元祖，使太极拳弘真传世。也正是基于这一点，明而后的传宗昌盛弘达。易曰："阴极而生阳，阳极而生阴。"这个时代也正是太极拳传世走向分化岁月的开始。

武当的开祖张三丰，承袭"内以养生、外以却恶"，而以"内执丹道、外显金锋"示之后人。古人指出，"心生念，念欲成物"。转轮不已，天地阴阳造物，形成大千世界。故修真以"净化身心诸念"为律，全形之作为，圣人习之，贤者则之，留下"登顶行圣"之法。古人综上所涉，由悟彻始，追溯以往，以"极致所终"为悟的方法。当时均以天文、地理、气象、医药、炼丹、诸学为一定课识。故丹道以内操而形成体态的改变，则仙家炼精化气以充形，炼气化神以充慧，炼神还虚以证道法自然。太虚合道，返朴归真而已矣。

于兹观之，可见三丰师祖乃是致力于丹道，而太极拳乃丹家外形有术之操修。其传承也是如此，有宗传，有泛传，各居次第层次。虽然是太极拳之传宗，也必然要涉及丹法内操与外现有形的专持。

武当丹脉之宗传当为专叙，就太极而论传次，三丰祖师传张松溪、张翠山、王宗岳，很显然这些是太极拳在社会上有影响的法脉。尤其是王宗岳后传体系，在近代太极拳的运动中有较深影响。其内传人物的过程，在近代史中叙说。除此一脉而外，太极血统还存在着更重要的丹脉宗风的流传。

第三节　古传拳经十三式，今作真本证前源

太极拳泛传于世已有百余年的历史了，诸家蜂起，这标致着其繁荣的景象。尤其是自近几年，太极拳受到空前的青睐。学太极拳的人风起云涌，遍及整个世界。喜看各家都以"气沉丹田"为说，群贤辈出，都觉得太极拳之操修尊有大雅。也知道太极拳有十三式遗教之说。

笔者于1993年在日本东京见到《李天骥·太极拳の真髓》一书，书的封面之套签标有"太极十三势本邦初公开!!"的字题，还有"この一册で太极拳の全てが解る"的字样，左侧印有李先生二寸照。余买回一看原来是李先生附会太极十三势所编著的《太极养生十三势功》以及由吴增乐表演的附照。在1997年4月第一版李德印、李春莲编著的《二十四式太极拳教与学》一书中，作者把李天骥先生之十三式内容又重新以《太极拳基础练习十三势》为名的形式刊出，动作图也相同，只是歌诀文句略有更改。李天骥先生（日文本194页翻译录下）言讫编撰成十三式，而李德印先生也说基础练习十三式，是围绕二十四式太极拳的教学内容和需要选编的一套基础练习方法。

武术基础训练，一般包括基本功、基本动作和基础套路三部分内容。从广义上说，二十四式太极拳本身就属于基础训练范畴。它既是初学入门的教材，也是提高技术行之有效的基础套路。然而，从教学角度分析，在教套路之前或同时，进行一定的基本功、基本动作训练，对提高教学质量，

增强学生身体素质,强化技术规格和技术要领都是必要的。

基础练习十三式,是围绕二十四式太极拳的教学内容和需要选编的一套基础练习方法。它有很强的针对性。教学中可以作为基本功练习,也可以作为辅助教材和课外补充教材。甚至应该使学生先做基础练习,打好一定基础,然后再进行套路教学。

当然,太极拳的基础训练绝不仅限于上述内容。很多具有共性的武术基本功,如站桩、行步、压腿、踢腿、活肩、下腰以及跳跃、平衡、发力等练习,都可以有效地增强学生下肢力量,提高身体的柔韧性、灵活性、协调性和平衡控制能力,为太极拳技术提高打下牢固基础。教师应根据具体对象和条件广泛选用。

二位李先生(他们)是世侄血缘,他们对太极拳的追求是一往情深,在各自编著的书中文句表明,对十三势之锻炼还是希望推敲再三,力求更完美。阴阳顿挫,抑阳高下……文风不古,在吟诵唱念中时有憋气在胸之感,显然是平声换为仄声的关系。

虽然是歌诀不同于诗文,但便于读起来朗朗上口,还要依"一三五不论,二四六分明"的原则,这样才便于流传,倘若时常读起来不顺气,人们读起来不能习惯,更说不上为歌诀了。二位虽然是武学之贤能,可在文理上则显得逊色。

武林之丹道泰斗关亨九先生在《武当修真密笈》中对太极拳也有言及。先生在回忆家传之时说:"吾家藏抄本《太极拳辑要》四卷,几经沧桑,仅剩残篇断简,每每忆及,令人痛心,善本未传,愧对后人,因此按照所得要领,列目追写,以供同道。太极拳虽出于后人所创,但其源于武当十三式，开始尚能遵守三丰遗教，降至近代群贤辈出，传播日广，各有见地各说各理，加之年代久远，越传越谬，殆失武当真面目，重套路轻内操，以致舍本求末，现在追写功法，可能与一般不同，希望阅者详参，万勿鱼目混珠，而误己误人，谨陈忠言，以表愚诚焉。"现在的人都不知道太极十三式的本来面目，前贤周潜川、关亨九相继去世，再不把它写出来，就再也无人知道其庐山真面，因为隔世已久的原故吧！

太极十三式乃为太极拳之操演精练贯穿始终之精神，当今太极拳大家都说太极拳起源于十三式，但都没说清拳经十三式的内涵。古传拳经十三式，贯穿其始终，现在大家知道的传统太极拳，俗称"老太极"俱是在十三式上发展起来的，十三式是根，可以说没有当年的十三式即没有今天的太极拳，由此可知十三式是各个时代的练拳的人都想知道而且并不十分清楚的。所有书中都讲十三式是如何关健、是如何重要的内容，书里书外都在揣测其源其质。避而不谈十三式本来面目，说十三式是什么八卦五行，八法五步，加起来共十三式之因由。

当笔者著完《中国太极拳统真大典》第一函时，与弟子畅谈以往，弟子说师父如今您不把这相传悠久的太极真面书出，您百年之后，在这块土地上有谁知道？我说"知道当年隐真掌故的人也不在少数，人家不说咱也不说"。弟子说"当年杨露禅进京……杨禹亭、李景林、吴图南、孙禄堂、沙国政、李天骥等名家们都没有说出十三式的本来面目及内涵"。我说"这些社会上的贤哲，满腔热血为国学教育去努力，把毕生之力都花费在对太极拳的贡献上"，用关老的话说，"可惜他们都不是当年的武林传人"。十三式属于武林密传，学会十三式可以技击，可以阐发太极拳之精神，何况雕虫小技之技击乎？时代变迁，社会变迁，"绿林英雄，渐渐绝迹"。

当年师真授我，是因为性敦厚，师父传什么，我就练什么，教我就是怕绝迹。我清楚记得当初师真教我——领悟，同时语重心长地反复告诫我"十三式莫轻传"之语。就技击而言，关老对此也有一番论说：近来报刊上载文，言拳术不属于技击，似乎要把技击和拳术分割开来。说成两回事，争论不休，我写技击之道，恰好想起这一问题。现在加以剖析，以供读者参考并研讨之。武术是拳术，技击是武道。术精乃入道，无术不能显道之妙，无道不能发拳之精。这说明拳术与技击一而二，二而一也。详言之，拳术是用套路来克敌，技击是以神化而致胜，其目的则无二致焉。少林重于拳术，武当工于技击，拳术是外练，技击是内修。练必修，修更宜练。相辅相成、浑然一体。

我认为，无论内、外家及各种拳理都是好的，行拳致用更是一样，所以如果精于外家，自然趋向内家，专工内家者也必然通于外家，三丰祖师即先精于外而后翻成内家，异曲同工，原出于一。这就说明如果对于某种拳术能够专精，自然就没有割裂的看法和说法了。

第四节　有本有源，宗流有脉
——谈太极拳

传统之宗风武学要与一些自创自编的群众锻炼社会现象

区别开来。就学术而言，但凡能被称之传统的学识，都要有本有源。有本有源是说在历史上曾经几度有学术方面之高潮，后来才被尊为宗风脉流。如此宗风若不是当年留有深刻的影响，这种生命也不会被尊为宗风。宗风脉传是通过几代人的研习，经得起年轮的推敲，这样才成其为传统。

宗风之脉传在当年历史的岁月里，已经达到学术上的几度辉煌。这些好的有本源有脉流的内容，在今天要继承已经很不容易了。传统的常识只有在继承的基础上求发展，否则则是违背了客观规律的东西。就太极拳而言，是传统的生命，这方面的内容及常识笔者已经在《中国太极拳统真大典》中阐述过了，但事物发展的本身犹如树木成材一样的道理，一棵树在其未成材之时，很容易长为畸形，这是因为它的成长环境并没生存在林子里的关系。若是在林子里生长相互挺拔俊秀，自然向上，自然会走向成材的升华。但是在其成材的过程中，即便是参天之大树，在根子下也时常地窜出小枝夹叶，这种生态现象怕是人所共知的，应该指出的是越是成材的树木，根子下愈少有这种现象。任何常识也是这样，比如太极拳吧，宗风脉传则如参天大树，那么时而一些社会上的活动家，他们没有受到宗风脉传之哺育，时而借来传统的故事，延用名词，自编自演，创其名堂，这种现象则是窜出来的细小枝条的现象，迟早要被年轮岁月像一把快斧一样削去。

只有在那特定的历史时期，窜出来的枝叶，才可能形成气候。可是无论如何它终究不是宗风哺就之传统。譬如今天景德镇的艺术观赏瓷，厂家请了当时的一些艺术家们在瓶子上画上自己的佳作，曾在社会上引起哄动。但这种现象留存下来的艺术品，还不能与"文物"古玩相提并论。艺术终究是艺术，而古董文物仍然不是今人可以填充的，怕是时人很难理解"文物"与当今艺术品之间的根本区别。武学也是如此。形成宗风脉流的内容，早已经长成参天大树了。

什么是传统，传统不可更改，十三式就是十三式。如果演化成诸多变化那是丰富多采的变化。但十三式尤如单词、音符一样，能更改吗？时钟正是12小时，形成昼夜24小时，能因为有体会就增加一天为超12小时，那可以吗？历史上有张三丰其人。自创自编的东西就不要冠名为张三丰太极拳，尤如存有一张毛泽东打乒乓球的照片，也要创编一个毛泽东式的乒乓球吗？

也是笔者的没见过面的朋友。《跋涉武坛六十秋》文中写"……不仅广植桃李，而且整理出版许多具有重要价值的武学著作如《三丰八卦掌》……"据笔者所知当年三丰祖师，留有龙形大草，天龙神剑，并没传过八卦掌，八卦掌是董海川所传。著书立说当重史学考证，至少要有历史常识和专业常识，否则这不是科学的态度，至少是违背了历史唯物主义的规律，或者说其是一个文化盲人，或者说是个没有文化的武术家。这样的武学著作家写的著作，拿来给武术启蒙者来读，那真是遗害无穷。倘若要真是给一些稍有历史常识的人来读，那不是"遗笑大方"了吗？

当年三丰祖师所留传之宗风脉传不是没有，那些历代师徒相传，辗转相习，坚守学术阵地的人，在今也不泛少数。这与《敦煌太极》《美洲八卦掌》同样可笑。这样的武术家再有多厉害的招式功夫，也是中华民族的悲哀。

第五节　中国太极拳内操外为之原则

中国太极拳内操为之原则 →

封真而后　丹道——丹成九转、金凤吹脉、金气朝元　　　太极起源
太极问世　武功——请种武学、杀法、操演内外行功　〉统一　武学改良

内操　　　　　　　　　　→　外为
行气循经、潜气内行　　　　　以柔寓刚、动作合于脉流
周经修脉　　　　　　　　　　化惊刚为缓柔

| 以气催形、运化水谷之精 |
| 内外如一、造作身心之宜 |
| 在内者气　　　在外者形 |
| 古有行气之法而内操　武林操演之术施之于外运 |

　　　　　　自悟而明　　潜形而修
　　　行内操而求于丹道作合　外形亦隐武学潜传
在天者日月　在人者阴阳　在己者运转自如，舍己从人，知己知彼
日月循天　　阴阳相推　　自身感传　　　　内外相应
天地为宇宙　人身是乾坤　以武演道　　　　以术见道

阴阳生万物，归经纳甲 ——→ 五行、八卦、外行相因合为十三式
　　　　天体 ——→ 脉道　——→ 循经、行云流水、演化招术
人天合一　　子午升降　　如环无端　　以穷天道
四季昼夜　　水火相推　　变化无穷　　太极之理

| 丹成九转 | 十三式行功 |
| 道 | 武 |

　　　天地应人，有律有序　　手足四肢百骸，内外相因
　　　　　予正真元之性　　　　以运操武之修
　　　由道悟真　　　　　　　　以武演道（强健身心）
　　　期之以慧照　以神意气血为用　享之以天年

通达人事，历尽修为，古今宗传，体脉分明，操武行气，运化天真，以太极而修真，以操演复岁月，期之造化，道武合真。

第六节　太极内操之养气论

世传太极每以运动强其体，是以动作为要，养气柔体，孰不知出入手足均以经脉参行，实动作刚柔运化经气、养血、营荣以全身。一动一静，参玄以理，审悟大易，合言而称太极之为拳。

太极内操之法，以动作噩然浑做，权其内脉，省之气血，贯通精神也。太极拳经每言由动作而宣精神，是因神由气发，气遂形动。不言丹法之玄奥，仅以医理而参真，太极拳中内养功夫，时人未窥其道耳。拳家每以神明二字通彻高玄，并不知神明教化，焕神采于何处。《素问》脉要精微论云："头者精明之府。"又云："心者君主之官，神明出焉。"此实医家心脑并同说，用之在心，省之在脑。拳家以无思无虑取其虚灵，自然与医家说同。然医家亦与道家丹经为理而宣丹经之则。二经同出一脉，实后世少人识此。近哲张锡纯在《医学衷中参西录》中说"人身神明诠"篇，记录有言丹经与内经说。张说：

"于以知脉要精微论所言者神明之体，灵兰秘典所言者神明之用也。斯义也可兼徵之于《丹经》。夫《丹经》祖述黄帝，原与《内经》相表里，历代著作虽不一致，而莫不以脑中为元神，心中为识神。元神者无思无虑，自然虚灵也；识神者有思有虑，灵而不虚也。此中妙谛，慧心人可静参也。又可徵之于字体。夫神明之用在思，思古文作恖，囟者脑也，心者心也，盖言心与脑神明贯通而后可以成思也。此与脑为元神，心为识神之义相符合，即与《内经》神明藏于脑而发于心之义相符合也。且更可徵之于实验，神明为人身纯阳之物，阳者性热，脑藏神明故脑不畏寒；心为神明发露之处，过用其心者，神明常常由心发露，故心恒发热，此则人人皆能自觉，为未经发明，是以觉而不察耳。由此可悟养生之道矣，凡人之享大年者，下元必常温暖，气血必常充足；人之神明固可由脑至心，更可以诚意导之而行于全身，是以内炼家有凝神入气穴之语。诚以孟子谓志能帅气，即神能帅气；神明照临之处，即真气凝聚之处。神气充足，丹田温暖，寿命之根自然壮固，神明之功用何其弘哉。"

太极内操恰是如此。夫太极专操有则，以心神会意（参见世传吴本《虚实诀》）有自尔虚灵感，神气充盈乃见虚灵之象，法入灵空有头顶悬而示持。动作中虚实相生，阴阳合脉，以神意为用，元气自有通明之际。拳经云："以心行气，务令顺遂"，实以气运身而至之境域。以识神为用而来养元神，心脑并通，举手投足莫不由心而生，莫不因形而示神，故神形俱妙乃神化之境。太极内操以腰为主宰，而形于手指，操神在心，行气在脉，实心神往来气贴背，以示通督之用。通督以求升阳，阳气得正，神明乃纯阳，何求而不宣发之于性情？故太极者则有内练于心神，外施之于手足，乃有形于手指之说，形于手指，跟随于足，落之在踵，取意呼吸往来上升敛之于神，下沉降之在踵。然太极养生之理由此而出矣。"下元充盈气血行，收敛真元入中宫，上行通天经坎道，遍施雨露在乾荣，上行神气真乾顶，下注水火育胎成，左右不失二仪象，几度春风吹脉通。"这段文字乃先天太极宗谱中的谱文，从中可能领悟出一定的道理来。

第一章　太极说真

太极内操从气沉丹田，忽隐忽现开始，久则丹田暖热有充实感，乃真气凝聚之法，寿命之根壮哉，神明之功用弘哉。正如锡纯张氏所语："此则人人皆能自觉，为未经发明，是以觉而不察耳。"或言是习其道而不识其妙耳已。

太极内操以人之元气为要，乃至于形成大道，形成拳艺。当年三丰祖师有云："夫道者，统生天生地生人生物，而名含阴阳动静之机，具造化玄微之理。统无极，生太极。"而今太极为拳，是以动静之机而参拳之道。医家有《元气诠》论而言："人之始生也，絪缊化醇，胚胎初结，中间一点动气，似有脂膜绕护，乃先天资始之气，即气海中之元气也。此元气得母阴育，渐渐充盛，以生督任二脉；又渐渐充盛，其气冲开督脉，由后上升，复通于任脉，由前下降，以生周身；迨至官骸脏腑皆备，肺能呼吸，遂接后天之根，而脱离母腹关。"（《医学衷中参西录》张锡纯）医家以此言人之先天胎成之阶段，其理正合太极拳之操持，"气沉丹田，忽隐忽现"，"行气如九曲珠无微不至"，拳经诸解均不离元气之行持。以武入道，则又是培育元气，使元气充实，故又有由督达任之循经，这段专修则又是丹家练气之内容。

太极内操由动入静，渐渐转入静定功夫，这则是太极内脉又一层次的操修。谱文"白云封洞正堪真。天包大地一览尽，渺渺玄机始入神，内外灵空涵万象，一颗瑞彩乘风云……"，太极内练正是内炼家初步功夫。养气存真，以无念之念为念，助补元气，养气柔体，操拳练身，心神相照，浑然抱一。也是由动转入静定，施于静功坐法。还虚凝神，常于精明之府，保此无念之正觉，如天道下济光明，仍然无心成化，久之元气自有充盛之候。赖有日日元气自充。

其实，太极操修之法，别有动静二域，动则操拳，静则养气。然动中也有养气，拳家不识不悟也。行拳者，亦需换化精神，以心肾相依，万虑不思，神气归在丹田。进入行拳境地，出手投足皆在有意无意之间，神采育培在当醒未醒之际。此时，人之先天后天浑物斯成，把握呼吸循环以顺自然之机，暗合天然循经之道，动作之间，五行八卦，依兹转化运作。先由养气开始，渐渐滋补经血神气，以达修身养性之颐。太极内操尽合仁贤之哲，"人由天地而育，亦由父母所生，含阴阳动静之机，具造物玄微之理。人能体生身之道，顺而用之，则鼻祖耳孙，嗣续而成。逆而用之，则真仙上圣，接踵而出，同其理也"（《张三丰全集》）。

太极拳之演练，以循经内外，周经气血为要，故动作要柔，顺应为物理，逆则造刚常。三十六式运化，以九为期，一阳二阳三阳为运，造化在兹。发现人身诸阳之用，循缠返复任期自然。故太极以应人，太极参造化，元气充实，丹田运化，久之自然盈充经脉。操拳动作犹如推波助澜，循经化气，以期水到渠成之际，气血、元气、精神，诸阴阳经衡物理，上应日月而为天阳，下合地之水火以身中心肾为其用，果感天地，应真物类，诸为皆是太极所为，以拳证道，以艺形道。

太极若失之内操，则失之养气之道，违之天经地仪。时人只识柔软，不知柔中寓刚，软中隐灵，是神为作用，由表及里，渐使周身一家，统之为大用之篇。然太极操演之法，贵在养气，以养气为根本，才不失之"神为主帅"，与"气以直养而无害，力以曲蓄而有为"之句意相通。拳经文句简易，学者当仔细相参，多读些传统学识以之相因。"入门引路须口授，功夫无息法自修"之句，已经交待出宗风尚须师承，否则不堪于教化，失之宗风耳。"牵动往来气贴背"之句，应在"通督"之用，已是"养气升阳"之法重宣。

静如山岳，动若江河，是语之太极操修动静二法得循相因。心为令，气为旗，内固精神，外示安逸，气如轮，腰为轴……诸句，均言养气之用。非是前人未说详，而是后学欠仔细。

第七节　武通于医

概言武学，内炼以循经，而精神自我。以此为宗则玉律，是为化合人天，此医与武自然守之大道，道以阴阳而律，泛演其真。然武学除内炼而臻丹道而外，尚留存生杀之本始而效之武，格之于斗。伤之于敌，御之于我。大则斩将夺阵，小则楚河汉界。如此则使武学合之内炼，操之于武。故行功走架，拆拳定位，诸种招势应合之参同，洞知泛真武学之化境。以此通则斯学，形之以武，法则于人我。内操于循经，通达丹道，以斯武学融之宗风。

武学之意无非御敌御我。人我皆为人势，操持之间，各守斯道，需知人我之机（武学人体解剖学），泛学有例，防范来势，眼顾三前（眼前、手前、脚前），注目七星（即敌之肩、肘、腰、胯、膝、头、足）。以人身穴道，活血以济人，为医；闭穴而截脉，伤敌为武。除武学点穴之法而外，尚有大小缠拿，重手法以击敌，跌扑术，分筋挫骨，断肘折肱，断膝斩足……诸种形伤，先以四肢伤，复取脏腑伤，后以神形灭之。

因之武学之操修，举手投足，均要考虑到人我之关系。这则是内以养生，外以祛恶，以渐入内操神化。继之，内持丹道以期尽内炼，外显金锋以武而夺人，方臻武学诸艺之至精。时武学泛真，演学之间要审视人我。审己以内操，视敌以卸则。然内操与卸则是统一的修范。大略要知道人身自我之穴道、脉象、循经、缠经、骨骼、筋脉、气血、腑脏、神气，手足施之于形，内宣以化机之势的变化。本来这些内容，应属于武法的参同，审于内操与此同出一身，故先书之，以期于内操演练中，也要相应地注重于此。将来也能有期于大成。

因此要洞知人身结构、部位、形质……才能于武学内炼方面达到统一的要求。即十二经，奇经八脉，三十六大穴，八门九宫十三式……于此有其相应的对照，也是宗风学范，才能丰富操修的内容，得知内炼与御敌泛武之关键。如此才不失太极为拳之修为（泛为武学者，皆须通于此）。

夫武学之建立，无非生杀之二理，生者乃自我以求仁，杀者乃御敌以斩将。夫生杀之学，究其内涵乃人体构造之系统，与医道同途同源。求仁者以防敌御我之法，斩将者以截四肢而伤五脏。攻敌之虞犹防敌击我之患，少出破隙以自安，内营气血以修脉，内炼以养气，斯求仁之术尽矣。攻敌与御我均需分析人身结构，医家有医家之解剖，艺者有艺用解剖，武学有武学解剖学，虽体态是人身，但各有分疆，庖丁解牛，农夫识牛，画家画牛，虽均为牛，其意各分别之。武学近于医家以求仁，近于庖氏以御敌斩将。

第一章　太极说真

故医家有经脉、气血、穴道，运三焦气化以生精血，化神通灵而补虚生慧，以求享尽天年。武学合于道而通于医。合于道者进而修身以求慧寿。通于医者，施术求仁，自臻自慰。武合于文乃通于达。古言"学无止境，达者为师"，泛文以求自觉自省，合道以畅玄。

武学不同于医，因所处的基点不同，其各自均有名目，各自以成体系。懂得求仁与斩将此二者同出一源，互为一统，方识武学深奥。武合于道，是言武与道其理不二；武通于医，是言武医互补，皆由人体而达化。医者，道者，乃大小之份量。道者理深达化，智明慧照，以求出尘之仁。医者虽小术，亦为活人之性命，善哉悲念，情理昭彰，故医合之道，通之玄。

武学概言求仁御敌以自省其源。求施术以求仁智，宣达化以自明。

有关穴位、经脉、气血，又不同于医，学识上又列为：武医、藏医、丹医（如今中国最近于古之儒医），应随御敌武学别传而立文著书。

武通于医，乃求真仁。御敌之技，尝有豪正。斯学斯术，同而不同。

武合于道，自宗风弘仁创宗以来，法与神感，神与象通。人天合一，自臻造化。法备阴阳，乃生万物。圣贤创武学，合于道之玄奥，方有博大精深、繁荣气象。武当嫡传宗风脉流尚有《九宫图》等谱文。今笔者应学识要讲历史，符合学术研讨原则，故举典例，将这缕迹如丝，濒于绝传的文珍，刊之。一是使擅精于斯道之学人有个对历史真容窥识的机会，得知古之贤者，创宗玄学之仁。二是使这些文珍存藏保持得以延续，否则，会有多少失去机遇的求学孺子，可教于无识。

回忆以往，在多少岁月之前，为了得到这些谱文，湮埋了多少争杀的年代。笔者借叙太极拳脉流知识之际，泛说武学。同时也告诉世人，武学尚需文化，学识谱文与传统学问，没有一定的阅读能力，是不可以的，就是说连阅读领会的能力都不具备，何以能言得其"个中三昧"呢？

九宫图

掌分八法按八门，八法之中功力深。
摔掌乾金风扫叶，撩掌坎宫水性纯。
艮宫切掌如山倾，撞掌一式同雷震。
巽风托掌从地起，中虚离火孔中穿。
九宫招摇位中央，挫掌坤土随发放。
兑宫揚掌冷中疾，八法妙意此中藏。

八宫所属

乾宫摔掌坎为撩，艮切震撞巽托交。
离火穿掌坤挫掌，兑宫揚掌君记牢。

掌发十力诀

掌发十力合天干，甲乙抽撤顺降还。
丙丁崩转炸且猛，戊己劲沉属挤按。
庚辛惊急弹且涨，壬癸元滑滚转力。
十法合心传真诀，一刻通玄万古传。

护身五手按五行

护身五手按五行，一任纵横在变通。
金横引手木直捋，水性混元是云形。
拨勾属火任变化，土为滚手居中宫。
五行五位原五性，三昧合玄自通灵。

笔者写《武通于医》是让学武之人懂得：武之学识，非但通于医，而且通于文，通于诸艺，通于大道。学武而泛真，得知武学是文化、是知识、是通过武学让自我完臻。

第八节　大易太极拳

班固言："易道深矣，人更三圣，世历三古。"《四库全书总目提要》说："易道广大，无所不包，旁及天文、地理、乐律、兵法、韵学、算术以逮方外之炉火，皆可援易以为说。"

夫太极之名，源之于易，易与天地准，垂玄立世，经纬纵横，若以人身为用，其经脉复通，衡工天地，精均阴阳，此泛太极为用，操之为拳，岂可无内炼工于气血精神焉，易与拳合，名之为谀。艺呈天下其不经乎？盈注气血，流之为脉，构通阴阳，期之大道，是为用于先天。授之易象，参同大易。内合血脉经道，外以拳艺相合，操持为拳乃经化自古矣。

当年右军得白云上人书诀，参天象而作书，内以黄庭法乳为之，外以武威参合。得文武一脉而后延之，创宗武当，泛于天下。书乃天垂之易象，"人爻为文"，经古而岁，至三丰祖师宣剑与书二艺合参。外有形迹以参神，内以阴阳而行经。遂而密发之丹道，其艺复之又精。宣切金真于武林，而宣丹道，法脉弘深，是以至道演至极，微乎？

时以易分，法至精而贵移，道至微而呈玄。是以变法之全策，以延易象而已矣。故以太极为名，重玄普化，以尽太极拳是说。以道成医，张介宾而作医易，张紫阳作悟真，参同于道，刘熙载而作《艺概》，合之于道，宗之上圣。老子以五千言留世，魏伯阳以阴阳参炉火作《参同契》，三丰祖合之丹道、剑法、书诀于一注。中历文真，吕祖作词论道，留《灵宝》传世，李太白游三山五岳，陆放翁腾剑刺虎，老悟黄庭，傅山黄庭宣之医武诸贤法为，莫不以此易理法象而演艺至之，哲之以道。"神无方而道无穷"，与天地合至德，日月合其明，四时合其序，鬼神合其吉凶。上合无为以循象，下通诸艺而为真，斯术斯为哲焉！

太极拳以易宣之理，以艺演至精，非世知太极拳之浅薄。太极拳初以易感天下，昭至万方，通于万类，岂可以其拳艺诸式解耶？夫太极拳者，以内宣血脉，而导入与道合真之阶段，是太极拳内宗之秘密。传世过程中，一是少有人识，以长期不挠之精神操修持索之；二是非是宗风密传，无师言宗以指路，虽经数十载操学亦不知门径也。此二者是古今学艺之人留下客观现实。今操笔为宗风篡文，当以其实为其实，留下根种以续法脉，故泛说俱真叙作反复，实以读做知其概较难，非是今人斯书未读完结则有遍知天下之劣属。真脉则需日尽历岁，终始反复操读及之，可近宗风然也。

太极拳法脉最初之修，当以循经注重专习（并非是专习循经而求身心颐健，当然也不排斥这方面的因素）。更重要的操修当以太极拳宗脉传，经过反复研习，达到一个新的阶段之飞跃。

易有阴阳，易之为象，而太极拳是以阴阳为首要的原则来贯彻始终之行功。易之阴阳是太极拳艺，诸学识诸理论指导的起源。

易之爻象、卦象、四相八卦、奇偶、六十四卦源，三百八十四爻象，是太极拳由表及里，循经内外，由脏象内景至肢骸武式之导源。

易之六爻内外卦象，是以内脉经络合真，参以武学有六合会力之学识，有六合发放之原则。

易之乾坤，化有阴阳诸爻冲合震荡，是以武演道，道与术合之为，内外竞发之变化。一是武学以人我同象应敌克贼，二是内脉动应外象，内守丹则，外经玄学。

易之河图，洛书之数，与拳宗武学丹法之交宗，繁复中有定律，以先天后天成其局。

易之坎离相推，是内脉升于丹道，坎离相推，坎离之用，抽坎添离之用。行功中心为令，腰为主宰之运化。

易之河洛，与丹脉、剑法、武学，纵横统之，生化万千，莫知其终。

易之圆道，是太极拳之初则会之于形骸运动。丹脉与三才运化，九转大易之识曾是专修之体用。

易之中和观，拳家武法取中定功夫，丹法取守雌不雄之义。

易之为拳艺，太极者应之。拳家在长期的操拳行功中，体会其循经内脉之流注。再经过阴阳消长之逐日逐时，应化四季的操演中领会体察其变化。值丹田真元充实之际，复会有内脉如江河溢流而兴波的"一阳来潮"之感。丹家喻之为一阳升。拳家所谓丹田气化，而期昭神明说。这种有实际质感的升华，内脉之流如潮波涌出，纵横湖泽，百川归海，川流不息。这类感触的行功，或因时间长短，或因丹法与体性之不同，都会对此带来影响。丹家将这种内脉冲溢的内触现象，升敛、升华，使之生成"真慧"之珠。医家也将此绘为声色，同丹家一样，以内脉潜行所说法。武学拳家因此而言之有"内家"。此际，以易参真，以"八卦相荡"充之。《易·说卦》云："万物出乎震，震东方也；离也者，明也，万物皆相见，南方之卦也；坤也者，地也，万物皆致养焉；兑正秋也，万物之所说也；坎者水也，正北方之卦也，万物之所归也；艮东北之卦也，万物之所成终而成始也，故曰成言乎艮。""八卦相荡"随其内脉之太极运化，产生内脉，汇冲之纵横，会因之而导致因气脉更新，而在体态拳架姿势上形成继往开来的万象更新。至此境里，拳家将此喻之"神化"之境。丹家武学谓之"神游之境"，喻其脉为"太乙循经"。并将这种充实饱满的元气，喻之"真元饱满"，这种冲腾的力量，称为"龙雷振动"，这种隐蕴体内的有质有素的动力，谓之"龙雷之火"。

这种内载的力量，且需拳家尽数十春秋，复而有之。拳家的行功，经过寒来暑往的辛勤努力，积砂成塔，滴水成渊，这种"龙雷之火"燃起震动。真气内流，内脉循之，可谓"东方震为雷"之动，会动出个日新月异的域境来。这种拳家因内脉冲合而出现的"神化""神游"，才算是始识内家功夫第一步。这种大哉至哉之易，乃至大易太极拳才是内脉宗风之传真。

如此来体会拳家所涉猎之境象，"宇宙是无穷无尽的"。"天垂象，地成形，七曜纬星，五行丽地……形精之动，犹根本与枝叶也"。如《内经·太始天元册》中有语："太虚廖廓，肇基化元，万物姿始，五运终天，布气真灵。揔统坤元，九星悬朗，七曜周旋，曰阴曰阳，曰柔曰刚，幽显既位，寒暑弛张，生生化化，品概咸章。"

"道生于无"，太极为拳先从内调开始，达到体态平准，再求生道于兹。则说先由"全形"的基本功开始，久之"内脉通真"而求"气冲太乙"的龙雷，期之"神水来潮"，从而悟出太极武事之学。以此操持，以求证太极拳法真正的生命。

诗云：

太极为拳造玄通，先求内脉合天工。
复有龙雷震天阙，始见瑞气透穹宫。
内彻纵横环络体，经通阴阳冲霄声。
兹之始演乾坤地，谁见武术有曾经。
内脉周天循乾体，三十六势甚分明。
一度神风吹至此，一轮月魄照在空。
千回百转操拳械，三番五次循金风。
龙雷铁甲冲月窟，蕴化太极始见工。

"一阴一阳之谓道"。太极为拳以阴阳互为其根为原则，把握道的本体，演化着拳艺之始终。"刚柔相推而生变化"，"阴阳合德，而刚柔有体。""阴阳不测谓之神""往来不穷谓之通""见乃谓之象"。太极拳艺则正是沿循其易之律而形成生命之结构。

拳中之动作，举手投足，左顾右盼，前进后退，腾身跃步，展腰震足，手足所动之象，神光视注之态，龙虎动静之形，都包含着内脉阴阳之交注、武技演化之神思神勇。其中内容繁复不可以一二类括，内景之精微处关联着脏腑气化之关键，武法之通变机系着阵局戳杀之诸般警诀，乃至转入"龙雷火发"之时刻、阶段，会产生哪些诸次之运化，都要认真重视，皆需作专题之讨论。

如：太极拳法脉之"以腰为轴"，"腰为第一主宰"诸说，在内景命门水火说中之先后天运化，同五脏六腑之气化关系，十二经十五络之内循，其与大易之内合参真。"神光所注"之处在行拳过程中之内景体验与人身保健医理说……"龙雷火发"后之行功，那些动作是循经导脉之反复，那些动作是武法之精习，散手与原式之分别，内功操演与武技演化之分点，五行生克之关系，……太极法脉由循经诸式之专习作为基础，"龙雷火发"而转入"新的境域"中之专持，以及返还太虚之朴素归原的专修等。

乃至"宗传"法脉中之"医武同源"说，与其留下来保健自我，通畅血脉，整骨舒筋，推宣内脉，宣泽脏腑，……之医用与武用的同一体，太极宗传作为延宗之内密等，《太极按摩内宣外施诀典》也会随时间条件等客观因素，写出来留给读者参真的。

第九节　文武同宗

纵观太极拳谱文之联语泛唱，文辞中畅言着太极拳学识之风雅。从联语的文风透露出太极拳成熟岁月，是中国传统文化繁荣的时代。同时太极拳谱文之文珍，向时代叙说着太极拳光辉灿烂的生命。同时也叙说着太极拳升敛于真的血统关系，以及将要泛化于俗的趋势。太极拳除却盘踞在医武领域而外，其高超的修为应该说是其文宗脉传。

太极拳之潇洒与沉稳形成的独特的面貌，为人们所喜爱，令人更加陶醉的是它可使操练者改善气质。宗风中的太极拳更是赋予以武演道的内涵，以此作为完善自我的一道阶梯。伴随以武演道的修为成长的精神世界是使太极拳操修焕发光彩的神韵、文宗。太极修炼有素者，若不去研习其神韵、文宗，终难以领略古人这种伟大创造之神采，脱离不开一介武夫的影子。正如书法与写字不同，书法讲究法度，有气质神采，而写字仅求机械的笔画间架安排。完整继承宗风中的太极拳离不开文武两途的精习，文武兼修已成宗风的传统。"文有多高，武有多高；武有多高，文就有多高。"古人又云："以神入手为上工。"沿着文的道路古人探索到诗文、书画、音律、楹对……诸艺以畅其情，以合其道，"艺者，道之形也"。

诸艺为宗风所涉，又为育就宗风生命之途径。法音弘真，则是古人探索声音对人生宇宙的振动而形成的学脉。太极拳的学者当了解相关领域的修为，以更好地把握太极拳文宗之本来。因为任何学识都与其孪生学识相辅相成，参照互补而构成文明的内涵。

　　古人留有三昧真参法以尽性命双修之途，即"以形鉴真、以音弘法、以文观意"，此三者宗风持之为定律，乃正宗区别散流之标志。就以音弘法而言，古有梵音密咒真言，弘之以振动人天。九脉合真而后，以音弘法与以文观意相化合成独特的生命，这就是传统宗风中的功谱口诀。除了常人均可了解的引导神思进入意境的修炼这种作用以外，其音律对神气的振动从而作为修为身心之途径，则鲜为人知。

　　儒家"读万卷书，行万里路"之人生，与道家服气餐霞各有千秋。前人曾说"熟读唐诗三百首，不会吟诗也会吟"，反复阅读吟颂，在无形当中自然就领略到其韵律、景致、对仗、神意等层次。其音律的规律性使吟颂者之神气随之产生良性的振动。"律乃天地之正气，人之中声也，律由声出，音以声生"（《律原》）。因除了诗以及谱文的意境熏陶、情景交融之外，尚有人之吐音对元气升降、开合、聚散尚有微妙之调节。比如，旧之儒者每日长读诗文数百篇不觉其劳，不伤其气，盖其所读之诗文之音律合于人身神气之良性律动。近代医家张锡纯《医学衷中参西录》曾揭示其中隐奥"盖读书必有声调，当其呼气外出之时，必心力下降以镇其气，而后其声悠长，又必须丹田上升以助其气，而后其声高远，此际之一升一降而心肾交矣。内炼家会合婴儿姹女之功，即交心肾之功，亦即补助元气之功也，是读书者之元气，旋伤而旋能补之，此所以不伤气也。"又言："道书谓'呼吸分明了却仙'……果参透呼吸升降之奥旨，顺呼吸之自然，而少加以人力主持，俾心降肾升之力息息互相凝结，有不延年益寿者乎。"祖师们将音律之振动力量纳入谱文当中，从而使人们在颂持过程中得到文明的召唤。

宗风太极拳谱文中的音律是古人学习的一种桥梁，而现今泛化于俗的太极拳之拳谱没有音律，吟颂当中缺乏韵味。这也说明泛化于俗的太极拳伴随着文化内涵的损失，难以唤出太极拳成熟生命之真颜。

附 《话说谱文》

稍有一些常识的人，都会理解武林脉系的传承，是通过口传心授与密本所刊、秘而不宣的口诀相结合而传世的，尤其是绝代秘不示人的功夫更为如此。常见的一些传说故事和历史上的真实记载都是这样。无疑"功谱"是横跨于口传与不宣两者间的真凭实据。

过去古人相传的功谱，是多少代师真法祖在真实的操修精炼过程中提炼而来的文字。通过阅读功谱，先是概括其流源、脉系、传习、风格，这是初学所掌握的知识，继而再从功谱中领会操修脉传的文理情思，这是脉传操修功夫中的初传，在阅读谱文中产生的意境。若是再以升华高超的次弟而言，阅读谱文的阶段，是古人所说的"持颂"，也就是认真照本宣读，文理的声韵与自我的身心受到共鸣的振动。无论是武学、丹道、书画、艺术都是如此。可见谱文的重要性是无可非议的。

谱文属"三昧真参法"中"以文观意"的范畴，纵观当今社会上流传的谱文多属今人所为，无论是声律、词句、文理，都少有风采，更谈不上内隐传真的神韵了。好的谱文在持颂过程中可领略其神采，并潜移默化地受到熏陶冶化。

"九脉合真"留下的"一脉真谕"是以谱文传世的。过去的传承,绝少有书籍记叙,都以律诗这种文体流传,文卷中流露洋溢着历代仁真、先师法祖高深绝妙的神髓绚彩。先人曾将诸类文卷、谱文誉为经卷,供奉堂室丛林,这些内容在历代被称之为珍宝,世代相传,演为宗风,延源已久。

相传古人在谱文经卷的书写过程中,或以刺血为书,或以名贵的药物精研书写。刘禹锡的《陋室铭》:"山不在高,有仙则名;水不在深,有龙则灵。"这个格言在神州故国已经演为风习,无论是哪一家哪一派的宗师仙苑,寺洞隐舍,都因存有图文谱诀而饮誉世间,名播江湖,武学丹道的传统脉传更重于这方面的传承。在传统风范"为父者,欲得孝子以光门庭;为师者,欲得贤徒以广宗祠"的传习中,有衣钵相承,这是人所共知的旧说,而真实内涵的神化,心领神会的依据,的确是谱文经卷的传宗意义。

经卷多以哲史文编为要,谱文多为脉传演真的精品,经卷广泛流传者众,谱文只在宗风中嫡传,而谱文的文字,多是叙述宗流的绝秘。基于这一点,文卷中的谱文,其作用与地位要远远超越于诸艺之上,被誉为洞天绝响。

古人在人类灵性文化的探索中,成功地装帧了谱文的形体,使其有特定的意义和生命,如谱文在装成册页时,在封皮的面料制作中夹藏了特殊的名贵药物,道家称之为丹药,佛家称之为法物,儒家称之为灵函,乃至经卷中神奇的力量得到印证。

这些稀有珍函,确实有镇物之威,避邪之力。当年圣真所留下的谱文,如今重新刊制装函,会随着时间条件的许可陆续地研制,会成为每位贤者的珍藏法卷和宗传信物,在持颂法卷谱文的过程中，它的神奇效应会在声律的振动中得到体现，当然，更有意义的内涵尚待修持中印证，领略谱文之神传力量，并以此来同前辈隐真所留下的点点灵光相感通。

第十节　先求于形　后求于神

汉字之书写，化繁为简，均以神似。故先求之于形，后求之于神。

唐·颜玄孙《干禄字书》将流行文字分为：俗、通、正三体。

券契、药方、账据——用俗体，力求民众皆识，是书泛化于俗之为。

奏章、笺启、判状——用通体（相传久远的俗字叫通体）。

封策、碑碣、述文——用正体，即敛俗为真之为。又为真字。

此书（写）之则，今人多不辨此，枉称书法、书道，各有自择，普化于世。余东游日本，此序律尚流行之。可鉴书道流于唐之说。日本的汉字写法尚尊唐体，俗字、正字、通字均有对照。

大凡文武之事，同宗同流，武学风范亦是此风习之。夫太极内炼已是规范，尚存衡准之风，孰可不以此按之？故学范之中，泛化于俗之为是世传之普化教育。然宗风之中，应敛俗为真，而时尚有通假之意含之。如此宗风范真之际，当以学名，通假名共之，使之后来学人对史源有个清楚流变的时代划分。学名正字之宗风与俗识普化作一个明了的对照。

本书以传统面目出现,照顾到宗传的谱文,涉猎宗风名考、通假名、别名、俗名之例,对比交待清楚。

标学名即宗风名考,按宗风学术而定名。

通假名即别名,曾用名。

俗名即泛化名,泛化于俗,延流成习的名字。

参以照片动作为行功要领的标准,以文字解译说明。每个动作式子标名"学名"与"通假名",使读者便于理解内容,按每帧图片动作身姿标明本势为武林宗传的传统宗名,使读者清楚太极拳的每动每势,均有宗风之考据。并非因属于过渡动作,则草率过之。得知太极为拳的每个架子身姿都与脉传有血源关系。得知太极拳与其他武学都是一俱身姿,相互印证,不是独立孤设的架式。

为系统地介绍传统宗风的特点,又深入浅出地将《中国循经太极拳二十四式操演谱文》等谱文做浅析、注译,使用了大量的传统学术用语。该谱文以宗风垂律般叙说太极拳的来由及行拳走架后的专修,使读者通过该谱文阅读而知太极拳与其脉传、层次、诸宗之修持。使读者在谱文中对太极拳有个新的探源,对以往有个崭新的认识。

"【】"表示第一次出现使用动作讲解中出现的传统学术用语和动作名称,以后则用黑体字着重显示。

《中国循经太极拳二十四式操演谱文》简称操演谱文。

《中国循经太极拳二十四式内脉循经谱文》简称循经谱文。

《中国循经太极拳二十四式武学概谱》简称武学概谱。

《中国循经太极拳二十四式全体大用篇谱文》简称全体大用。

第二章　中国循经太极拳二十四式谱文注解

第一节　中国循经太极拳二十四式操演谱文注解

【谱文】天地阴阳妙相生，本是动静咸化成。

【注解】太极拳的生命世界是根据天地之间的阴阳规律而相生相化，其妙无穷。简而言之，其根本则是依托动静两骸原则相因咸化而成。因此太极拳在操拳的同时要注意到阴阳两骸的原则。阴阳两骸包含着两个对立的性质和现象，如：反正、软硬、刚柔、伸屈、上下、左右、前后、顺逆、向背、吞吐、来往、进退、收放、虚实等。这方面的内容，读者可参阅《中国太极拳统真大典·卷三》中"太极拳与易""以易为理所涉太极操演""大易太极拳"等文。《太极拳九诀八十一式注解》有"阴阳诀"，也从简易的基础上说明了这个道理。所以二十四式循经太极拳操演谱文，开篇首句则以"太合天地""妙悟阴阳""参机动静"来阐述太极拳之原则。

【谱文】太极为宗传武势，遍撒华夷焕春风。

【注解】太极拳虽然是以阴阳为原则的锻炼方法，客观上看当然更是一项武学。因此，太极拳作为一项武学的操修，就宗风而言其招招式式的动作无一不隐含武学之势。

太极拳是以武学操修来体现锻炼的价值。如今，太极拳的种子已经遍撒中华，乃至于全世界，锻炼太极拳的人都受到了"益气延年不老春"的春风召唤，焕发了青春。"夷"，为夷族，是与中华故土之华人相对而言的，谱文中"夷"表示国际友人。

【谱文】太极开拳移左步，前抬两臂吊腕平。

【注解】此为"太极起手势"之势。

练拳之初，动作是由自然站立开始的。自然站立则属于天然状态。

练拳之前，使自己进入练功的状态，暗示自己开始练拳了，将左脚向左横开一步。两足距与肩等宽，做到肩与胯合，肘与膝合，手与足合，这是传统的六合姿势，拳家犹为注重。这则进入"无极势"的无极状态，拳经言"太极者，无极而生"。通常又叫作"无极桩"。初学拳时，常以此姿势调整形态。参见无极桩·无极势。

继"太极开拳移左步"站成无极桩后，将两臂平稳抬起，由于体内"阳气升腾"所致，双手吊腕而起，呈十指抓球势状。将两臂抬平，十指抓球，两腕上抬，为"太极双吊球"之势，由腕向上崩击。此系属"升阳之法"。参见太极双吊球。

【谱文】切腕仰掌姿下沉，坐胯屈膝气合生。

【注解】此为"太极起手势"之势。

继前势"太极双吊球"动作，双手化坐腕势，以切腕仰掌姿势，向下沉切而下，并坐胯屈膝下坐。动作协调，气机下沉。两手置于胸部胃口上下处。臂股及大腿合力下坐，成"坐胯屈膝"势。双手吊腕向上崩砸与切腕下砸，这一升一降的动作，展开了太极行拳势，进入了如长江大河之滔滔不绝的操拳走架之行功中。

参见切腕下砸·老祖断凳。

【谱文】野马分鬃身右转，左手托球右肘横。

【注解】此为"野马分鬃"之势。

接着身向右转，转入野马分鬃的动作。同时，左手以托掌之势托球而起，掌心向上，置于右肋下。右手以扶按之势按球，掌心向下。右手臂横肘抬平，置于右肩处。是为"野马分鬃身右转，左手托球右肘横。"参见野马分鬃势·右虎坐抱球。

【谱文】上下掌心同一峙，两掌互唤抱球生。

【注解】此为"野马分鬃"之势。

继前动作，左右手一托、一按，形成掌心相对势。这一阴一阳的互唤作用，构成"易象"，传统将其视为"天覆地载"，即形成阴在下为坤，阳在上为乾，"易理"谓乾坤得位。传统武学将其纳做"聚气呈形"法，示为"阴阳合抱"之"混元阶段"。散则为气，聚之有形。这个专修的球体旧称喻为"太乙混元球"，武学泛化于俗，又称之为"太极球"，有太极抱球与太极边球两种练习法。野马分鬃势为抱球。谱文"上下掌心同一峙，两掌互唤抱球生"是言及此之句。

参见野马分鬃·右虎坐抱球。

【谱文】左足尖收右脚侧，凤点头化腿提龙。

【注解】此为"野马分鬃"之势。

野马分鬃势先为右虎坐抱球，左脚回收在右脚内侧，左足尖点地。

左足尖点地，传统武学名之为"凤点头"，右脚之提膝动作名之为"提龙腿"。谱文二句是言野马分鬃之"聚收"势，也为敛气势。参见野马分鬃·右虎坐抱球。

【谱文】前托左掌进左足，左腿为弓右腿平。

【注解】此为"野马分鬃"之势。

此言野马分鬃势的"放"法，又为出手势，与前野马分鬃势的"聚收"形成统一。即"收放"二法之中有"聚"有"散"，阴阳之变化构成太极。

左"托掌"同左足"凤点头"一并向前出之。"凤点头"的足踏落后，前腿凤点头的足向前进步落定，后腿基本上保持"虎坐"之势，此姿势名为"虎踞"势，其势雄视前方，身姿有随时向前腾跃的动机，故名。正是太极欲身向前，势必先向后坐，构成太极之情理。左腿成弓步，右腿蹬直伸平。谱文概言野马分鬃势的进步后以前弓步后蹬步完成动作。

"前托左掌进左足"参见野马分鬃·虎踞。

"左腿为弓右腿平"参见野马分鬃·左进步·龙形托掌。

【谱文】前行虎口并金脉，后按胯侧合心经。

【注解】此为"野马分鬃"之势。

继前动作，详言野马分鬃的双手分别姿势及其动作内涵。左手的托掌向前上方出时，是以虎口分张，大拇指、食指向前进击的。"金脉"指大指、食指，即祖国医学认为手太阴肺经与乙庚大肠经，两者均属金脉。

右手的按掌向下后方出时，是置于右胯侧，右手小指展动，小指属少阴心经。这一前一后之手分别各有作用。

参见野马分鬃·左进步·龙形托掌。

【谱文】左转身姿横左肘，右凤足落左足踵。

【注解】此为"野马分鬃"之势。

此二句谱文概言野马分鬃式转向"左虎坐抱球"势。"左转身姿横左肘"是言身姿继前动作向左转，左手化掌为扶按掌取按球势。复右脚进步，"右凤足落左足踵"，右足之凤点头，右脚足尖落在左足内侧。此时左足屈蹲坐势为左虎坐势。

凤点头势位于另一腿（支撑身体），脚侧时为凤点头，若向前进步仍保持凤点头时为子午吊马桩（即掉转马头之意）。凤点头之势上抬，大腿上抬、膝高于胯时为提龙脚。提龙腿是做为练形而用，属于抻筋拔骨的性质，可以高抬。武学中金鸡独立、魁星戏斗等势，要提膝，抬腿要高。若是行拳走架、循经行脉的分脚蹬脚，以将腿抬平为准，切忌过高。武学中提膝时多是防敌进击下方，急抽我腿闪我足，是免伤的躲闪势。用膝打抬平已够用，平时练时过高，用则筋软，读者切记。

因太极拳有自己的特点，动作流速，如行云流水。其特点中，无可非议地告诉学人，行拳走架过程中是舒展筋骨过程，继而转入宣合气血循经走脉的内练，才是内家武学的修为。故此交待学人，"将腿抬平"是最高标准，切忌过高，否则失于"循经",不是内练,而是丢掉了内家风格。

当身姿前移,超越虎跃出现龙腾势,龙虎交替的中间状态,乃为双虚桩法(定式)双虚步。

参见野马分鬃势·左虎坐抱球。

【谱文】左掌按球右掌托,复出右脚虎换龙。

【注解】此为"野马分鬃"之势。

继前,动作为左抱球时,两手左掌以按势在上,右掌以托球势在下,掌心相对。

然后继进右步,右脚由"凤点头"向前进步(也为上步),由左虎踞的虎坐势,因身姿前移而更换为前弓步所构成的"龙腾"势。

参见野马分鬃·右进步·龙形托掌。

【谱文】右化托掌身前出,左化按揭左跨封。

【注解】此为"野马分鬃"之势。

接前动作叙说,右掌以托掌由下向前击之(亦为"前向虎口并金脉""野马分鬃攻腋下")。后之左掌化按掌向自己左胯处按下(后按胯侧合心经)。前之托掌,多袭敌之腋下或下颌,故有"野马分鬃攻腋下"之语。劲路是掤发而托送。后之按掌,多做按揭之势以防敌,亦是壮气之势,亦有"循经"专用。

参见野马分鬃·右进步·龙形托掌。

【谱文】左蹬右弓稳两足,前后双撑期中庭。

【注解】此为"野马分鬃"之势。

野马分鬃的左抱球势为左蹬右弓的步势。与前右抱球"复出右脚虎换龙"相同，动作上不同的是抱球在左或在右不同，而前后两腿分撑稳定身姿的足脚力量是一致的，仅有左右手足在前在后的不同，但都是取"前后双撑"的气势来构成主持身姿之重要因素。此句是体现太极拳"支撑八面"之势，学者可以用此姿势作为强壮身体的壮力功夫，作为站桩专习，可以增强太极拳的锻炼效果及武技功用。

参见野马分鬃·右进步·龙形托掌。

【谱文】转换身姿右抱球，左为托掌右肘横。

【注解】此为"野马分鬃"之势。

至此行拳走架又由左抱球演化为右抱球姿势。此势是前边的重势。

参见野马分鬃·右虎坐抱球。

【谱文】左凤足点右足侧，前展左足虎步腾。

【注解】此为"野马分鬃"之势。

叙说右抱球势是左凤点头置于右足侧位。向前进步出击时，前凤点头的左足要将腿伸开形成"虎步"，继而"腾"起出之。此谱文概言进击之势，气咄逼人，渲染武学的气氛。

参见野马分鬃·虎踞。

【谱文】太极抱球开双掌，前托后按达通灵。

【注解】此为"野马分鬃"之势。

此继续说明野马分鬃之势是由"聚散有形"的"聚法"

太极"抱球"之势展开前后两手，而又是攻防并举的合成动作。双手分为前的"托掌"与后的"按掌"，（"按掌"武学中名之"搨掌"，并无"按掌"之说）即"前托后按"能使自我通过操拳练武而达到"通灵"慧化阶段。

此式为搨掌按掌势，以其源流来叙述，此"按"源于少林"金刚琢"武法为原型，武技中由搨掌化切掌，后入武当金刚琢伏虎指法化按掌势。武功的专修法仍是金刚琢武势。因太极拳属于武当内家掌法，故以虎踞抱球称誉其名。

参见野马分鬃·虎踞、野马分鬃·龙形托掌。虎踞为初式，龙形托掌为定式，终于定式。

【谱文】托掌斜行金风响，按掌降气掩胯封。

【注解】此为"野马分鬃"之势。

此二句详说太极拳"形于手指"的重要性，野马分鬃势中前后两只手各有分别。前手的"托掌"是斜而出之，由下向前展循自我身中的"金脉"。谱文是说前"托掌"之循经作用。

后手之"按掌"是自上而下使气机下降的动作，同时武学中还体现出封掩自身腰胯的关键。后侧按掌与后向蹲坐的虎足有双向双重固元壮肾的作用。

参见野马分鬃·龙形托掌。

【谱文】右进半步宣虎坐，左出半步肝脾应。

【注解】此势是"白鹤亮翅势"的序步。

接上势进右步，半步为虎踞坐势。传统旧说为宣虎坐步。

参见印盒掌·化机式。

在太极拳的锻炼中，多见于大脚趾点地的过程，这个动作不能忽视，在动作过程中应加意领会，着意点是大脚趾指甲的上左右两端，即为肝脾两经之点。足太阴脾与足厥阴肝，祖国医学中是隐白、大敦穴。同时是丹家金气大周天的基础功，又是武功潜步之专习。

继而左步前出半步，平足而落（功夫深者足尖点地，足跟提起）。此大脚趾点地，为肝脾相应于大脚趾甲上端肝脾两经穴。

谱文"右进半步宣虎坐，左出半步肝脾应"二句是说在太极拳盘架子过程中，两腿与足膝的运动较少，以右进半步，左出半步，来补充活动。调节气脉使之由腰同时上下分流，向上行脊至两肩而臂而手指，下向行胯由腿而膝及足。虽然是经有进半步出半步的微动，依然是可以调节由腰入下的血脉下注而行。由踵而趾的运动，与腰之上行两手同时舞之蹈之而有周身效应。

参见白鹤亮翅·狼形潜步·印盒掌·化机式。

【谱文】双手抱印护襟胸，正展身姿神气升。

【注解】此为"白鹤亮翅"之势。

由左进步龙形托掌进半步出半步，转入两手掌心相对，虚合抱在身前。这个动作是因下盘两腿微前出之，上身端然正直。有利于气脉上下循通，使之神意聚寄在两手及虚空脾胃处（因功夫深时，两手在小腹丹田处），则使精满神旺。这种腰腿行功，多属于固腰壮肾之功用。故拳经常说："主宰于腰。"如此渐使太极拳雍容大方，操之循气血，舞之有

"大将军八面威风"之感。

参见白鹤亮翅·印盒掌·化机式。

【谱文】 左右横开抚琴手，白鹤亮翅用意撑。

【注解】 此为"白鹤亮翅"之势。

右出半步以后形成虎踞、子午桩、少林吊马桩，俗之丁虚步。两手继前势向左右方抚之虚击，此为武当抚轻功之抚琴手的化势。抚琴宗的抚琴手多是以掤捋挤按四手为基础的行功。

太极拳中如此注重手指的微妙运动，乃见拳谱中"形于手指"之语，言之有物，可知古人学识渊博，结构严谨，治学认真，为今人楷范。并不是轻松摆手之示意。

白鹤亮翅，是让学人得知着意在两手臂上的循经气化，用亮翅喻之。可见古人武学用心良苦仔细。今人应努力习范。

参见白鹤亮翅·虎踞抚琴手。

【谱文】 左下切掌行心气，右扬托掌运金风。

【注解】 此为"白鹤亮翅"之势。

左手的揭掌化切掌，以小指少阴心经之脉行习之，行当年罗汉伏虎的伏虎指内功。右手由抚琴手化左转为掌心向前之势。使右手之小指与左手之小指同时双导向，外展微撑，以利手少阴心经脉气血充宣。"金风"指在开少阴心经同时，注意领会，因虎口微撑利于太阴肺经金气的宣发。前文曾说过金气周天之言，肺属金，手太阴肺，足太阴脾，此二经脉相为表里。

参见白鹤亮翅·心经金气。

【谱文】身形右转收左足，左掌扶封金肘横。
【注解】此为"搂膝拗步"之势。

将身姿右转，左手由下向胸前挥，以"扶封掌"势，横肘于身前。右手由上向后转锋，而渐渐下落。

左足以"凤点头"足收回，右足仍持"虎坐"势。

动作日久招熟，自然协调。不必拘泥于动作，但一定要以谱文立根基。

参见搂膝拗步·金封横肘势。

【谱文】右齐听宫进左步，右为虎坐左腿平。
【注解】此为"搂膝拗步"之势。

继前势右手化"穿掌"，由右耳轮"听宫"侧过。同时，左手化"切掌"而下。右足不动，左足尖点地。

继之左手切掌向外展切，右手之穿掌微向前执。

左足由凤点头向前平落。取"进步虎坐势"。

参见搂膝拗步·搂膝穿掌过听宫、搂膝拗步·进步虎坐势。

【谱文】左掌搂膝肘横撑，身姿前移虎换龙。
【注解】此为"搂膝拗步"之势。

左手以搂膝势从金封横肘势，以肘为轴顺势下向，传统武学有下执剑指诀者。武学中将此以切掌之势封自己腹部及海底阴部，做搂膝状。同时，以左肘向左后按在左处膝眼处。

"左掌搂膝肘横撑"，是说搂膝前是横肘势，然后化切掌左下削击。

"身姿前移虎换龙"是说身姿由后向前移动，参见前注。虎换龙。

参见搂膝拗步·金封横肘势、搂膝拗步·搂膝穿掌过听宫、搂膝拗步·进步虎坐势。

【谱文】右掌直取金宫地，前按指掌右腿蹬。
【注解】此为"搂膝拗步"之势。

"金宫地"泛概对方的胸背处，大多见前胸。前穿掌从耳旁过，向下滑压封住对方来手。然后以右掌直取对方胸位，按掌封避对方。

为了使前按掌出之有力，且需同时取右腿蹬的伸直。左腿做弓步，以壮掌力。此又为龙行穿按掌、"搂膝斜行掌前伸"。传统武学喻此为"单锋闭户""封金挂印"。又为内家的"风雪梨花长闭门"。

参见搂膝拗步·龙行穿按掌。

【谱文】如此左转换身形，右手搂膝左掌腾。
【注解】此为"搂膝拗步"之势。

以此类推，再左转身姿，以右手搂膝，左掌前按击。

参见搂膝拗步·进步金封横肘势、搂膝拗步·搂膝穿掌过听宫、搂膝拗步·进步虎坐、搂膝拗步·龙形穿按掌、搂膝拗步·魁星戏斗。

【谱文】复将身姿再右转，往返三换丁甲封。
【注解】此为"搂膝拗步"之势。

此二句继续叙说搂膝拗步动作。"往返三换丁甲封"是形容左右三次动作，其中有三次穿按掌出现。传统武学对这穿按掌武技法又喻为丁甲封金。丁指五指如丁，甲即浑真朴玉之象。丁甲概言武功绝世之人犹如天神金刚一般勇猛。封即为封对方之来势，伤其肺金，故为丁甲封金。

参见搂膝拗步·进步虎坐势。

【谱文】右进半步换虎行，左出半步足放平。

【注解】此为"手挥琵琶"之势。

接前势，右足进半步，呈虎踞坐虎势，左右手同时向右上方起，身姿向左转，此为传统武学之进虎步双缠大捋势。

参见手挥琵琶·进虎步双缠大捋势。

接前势左出半步呈虎踞坐势，身右转，右手左行做扶封掌，此为传统武学之扶封掌·老朽扶封闭门势。

参见手挥琵琶·老朽扶封闭门势。

【谱文】左化扶封身前处，右掌后移合中宫。

【注解】此为"手挥琵琶"之势。

接前势，左手上行做穿托势，右掌后移守居中宫。

参见手挥琵琶势。

【谱文】手挥琵琶虎右坐，掌持前后挫敌锋。

【注解】此为"手挥琵琶"之势。

接前势，虎踞右坐，两手掌形成挫（错）法。

"手挥琵琶虎右坐"，概言手挥琵琶势是右虎踞之坐法。

"掌持前后挫敌锋",概言该势之手姿分呈前后来应敌。

参见手挥琵琶势。

【谱文】倒卷肱法身退行,倒插前足落后踪。

【注解】此为"倒转肱"之势。

倒卷肱又名倒撵猴,是武学中之退走法。将前足提起,倒插步落在后足的后面。

参见倒转肱·二郎担山势、倒转肱·坠走牵挽势。

【谱文】右手后举通金气,两臂分争掌上擎。

【注解】此为"倒转肱"之势。

接手挥琵琶势,将右手向后平举。左手臂随之前伸。

"右手后举通金气",概言以宣通肺金大指的气脉为要。

"两臂分争掌上擎",概言两臂前后横担抬起,两手臂如担托重物。这个横担两臂的武法在宗风中被喻为"二郎担山"势。

参见倒转肱·二郎担山势。

【谱文】后手前去化穿掌,前手后举托掌成。

【注解】此为"倒转肱"之势。

右后手起手向前化穿掌,为"柳燕穿梭"之"前穿掌"。左足抬起为提龙腿提足,因为脚由前向后起落,故称之为"倒插步"。此势为"倒插提龙腿势"。

参见倒转肱·坠走牵挽势。

【谱文】后移左臂并左足，右臂右足亦同行。

【注解】此为"倒转肱"之势。

倒转肱是采取手足同是一侧的活动形式，由"二郎担山势"起，抬起左足，以提龙腿之形式，向后倒插步，完成动作。同时左臂向后移动，后手取"反背后撩掌"势。

参见倒转肱·坠走牵挽势。

【谱文】坠身退走转腕变，连环四步倒转肱。

【注解】此为"倒转肱"之势。

"坠身退走"是指倒转肱动作，以身退走之势，加强自我力量。"转腕变"是指化解敌方锁擒我手的方法，通过转腕之势，走脱对方的钳制。谱文是指倒转肱法，接连四步的运动。内家武学不同于其他武学，内家武学是经过反复的气血循缠达到内家武法锻炼的。连环四次是反复循缠的过程。

参见倒转肱·二郎担山势、倒转肱·坠走牵挽势。

【谱文】将身右转退左足，混元球托左掌中。

【注解】继前势，身姿右转，将左足收回。足尖点地，呈凤点头势。同时左手置于右手下，掌心朝上呈托球势，位于左腰际，与右手掌心相呼应。呈抱球势，抱球即武当宗风之混元球。并非是太极球，太极球这个名字是泛化于俗而后的新改创名，宗风当为混元球（参见《真元宝笈》），希学人知其本源，不要人云亦云，使宗风淡然。

参见揽雀尾·右虎坐抱球。

49

【谱文】上合右手平肩肘，前出左足运虎龙。

【注解】此为"揽雀尾"之势。

接前势。同时右手上臂与肘抬平，掌心向下，与左手掌心相应。在左右手抱球置于右身前，呈右虎坐抱球势。然后出左足向前迈一步，呈平足轻落状，此仍为虎踞势。"前出左足运虎龙"，是说在虎踞势的基础上由虎步前移身姿而换为龙腾之势，是说运虎龙即由虎势转换为龙势。

参见揽雀尾·右虎坐抱球、揽雀尾·游龙分封·混元锋。

【谱文】右手随势右下按，前掤左手齐肩胸。

【注解】此为"揽雀尾"之势。

右手接上势，为抱球势的上手即抚球之式。左手起掤势。两手在抱球过程中，上下两掌同时做逆时针旋转，是为游龙变化势。此动作姿势宗风称为游龙分封势，又称为混元锋。其中微小变化，常被学人忽视，因此失掉宗风脉传风格。在此游龙分封势之后再右手下按，左手前掤。"齐肩胸"，是说左手前抽的高度与位置，同时身姿前移由虎踞转为龙腾的"弓步"。

参见揽雀尾·游龙分封·混元锋、揽雀尾·左掤右按。

【谱文】十指前穿虚合学，虎坐右翼捋要轻。

【注解】此为"揽雀尾"之势。

概说捋之起首势，十指前穿，说掤手更换捋势之变，是搭手更改招数之机，十指前穿，得其空隙。两手虚合，捋对方的手臂。

大捋手势是依托在龙姿弓步的基础上进行的。捋势尾势，转入虎踞坐势。故前谱文句有"前出左足运虎龙"之句。此句"虎坐右翼捋要轻"已清楚说明，前句由虎转龙，后句再由龙转虎坐的姿势。

参见揽雀尾·捋（一）、揽雀尾·捋（二）、揽雀尾·捋·呈现挤之身姿、内藏分筋错骨式与断肘折肱法，武法为三才锁拿势、揽雀尾·挤（一）。

【谱文】左掤右挤驰复前，太渊六脉细心听。

【注解】此为"揽雀尾"之势。

继前势，由"捋"转入"挤"的过程，左臂为掤，右臂为挤，复同向前去，两手臂相合而生力。身姿复由虎姿再向前移，转换为龙势（即由坐步转为弓步），故谱文有"左掤右挤驰复前"之句。右手指点在左手之"太渊六脉"处。在自我行拳走架的过程中，以大指抚左腕处，审听自我脉象。可知自我循经气血宣合的"黄庭内景"，故谱文有"太渊六脉细心听"之句。

参见揽雀尾·挤（一）、揽雀尾·挤（二）。

【谱文】袖底藏有混元象，双掌前按法亦精。

【注解】此为"揽雀尾"之势。

"袖底藏有混元象"之句是"洗腕"法，指右手在左手腕下"神门"处穿出，外绕左手背这个过程。传统武学称之为"抄手过神门"。喻为"袖底藏有混元象"。

参见揽雀尾·洗腕·抄手过神门。

"双掌前按法亦精"，由"洗腕""抄手过神门"而后"含胸前掤势"，转入"双掌掤罩势"，继而"吸腹下按"，再继之"揽雀尾·前按势"，完成按的动作。

太极拳掤捋挤按四手，势势精妙，并非似常人认为那样的简单。单就按法而言，则分如前几个过程，否则不能展示这细致入微的内家法度。

参见揽雀尾·洗腕·抄手过神门、揽雀尾·涵胸前掤势、揽雀尾·双掌掤罩势、揽雀尾·按（一）·吸腹下按、揽雀尾·前按。

【谱文】回展身姿左后移，左抱球势左肘横。

【注解】此为"揽雀尾"之势。

接前势，右手由前按动作向右侧横开，呈"横开太子掌"势。这个过渡动作，往往易被被操练者忽视。

参见揽雀尾·横开太子掌。

此句概言由前动作"按"转为"揽雀尾"的抱球势动作。

参见揽雀尾·左虎坐抱球。

【谱文】右化托掌倾左位，右凤足落左足宫。

【注解】此为"揽雀尾"之势。

此句概指揽雀尾动作的具体姿势。右手为托掌势托球置于身左位。即左手呈扶球势，与右手上下相对，两掌心遥遥相对。

此句概指右足呈凤点头姿势，落在左足内侧，同时左足虚坐呈"左虎坐抱球"势。

参见揽雀尾·左虎坐抱球。

【谱文】前掤右手进右足，换将虎踞化龙踪。
【注解】此为"揽雀尾"之势。

"前掤右手进右足"句，概言由前势动作"左虎抱球"向前进右的凤点头足踏实为右弯弓势。左腿伸直，呈踏蹬势。同时抱球两手一前一后出之，左手为"按"掌势，右手为"掤"手势。

"换将虎踞化龙踪"句，概言两腿支撑身体的改换，由"左虎抱球"势的左"虎踞"势（身躯前移）换为"龙"形动作（内藏肩跨"打"击法）。

参见揽雀尾·右掤左按。

【谱文】揽雀尾分左右脉，掤捋挤按四法明。
【注解】此为"揽雀尾"之势。

此句简言"揽雀尾"有左右动作，分别演练。经过一左一右的行动，掤捋挤按四法已经明示。因左右动作相同，说明略之。

参见揽雀尾·捋（一）藏黑熊荡背式转化虎踞势、揽雀尾·捋（二）藏三才锁拿及挫骨之杀法、揽雀尾·呈现挤之身姿藏反背摔掌封候挂印、揽雀尾·挤·含扣太渊、揽雀尾·挤·洗腕抄手过神门、揽雀尾·挤·含胸前掤势、揽雀尾·按·吸腹下按（藏扑云掌式）、揽雀尾·按（藏云环双撞式）、揽雀尾·按（藏内家按掌）、揽雀尾·按（藏掌运太极黑熊荡背势）。

53

【谱文】内扣右足身左转，横运太极臂左倾。

【注解】此为"单鞭"之势。

此句概指由上势"揽雀尾"的"按"势，转化为下"单鞭"动作。将身姿向后移，左臂化"左遮云避日"势。由"按"转化为"单鞭"的过渡动作，是"横运太极"。

参见单鞭·左遮云避日。

【谱文】易理大象复右环，左收凤足立右踵。

【注解】此为"单鞭"之势。

"易理大象"概言太极拳运动多是由弧形运动组成的动作所形成的风格。"易理大象复右环"句，指右臂由"按"势向左动为"玉鉴而照尘"，复向右外翻作右"遮云避日"势。

参见单鞭·玉鉴照尘、单鞭·右遮云避日。

"左收凤足立右踵"句，同时动作，左手随右手外翻时，同时向右动作。左足回撤至右足内侧呈"凤点头"势。

参见单鞭·右钩手轮指循经势·吊腕钩手。

【谱文】右起吊腕并钩手，左化单鞭前击应。

【注解】此为"单鞭"之势。

"右起吊腕并钩手"句是继前动作的句解。"左收凤足立右踵"同时右手"吊腕""钩手"动作。

"左化单鞭前击应"句，概言左手左大指虎口向左前方的姿势动作，翻手转腕，为小指坐腕。同时，左凤足向前出落下。

参见单鞭·左掌轮指循经势、单鞭·斜挂单鞭势。

第二章 中国循经太极拳二十四式谱文注解

【谱文】前倚左足成弓状，后持虎足换龙腾。

【注解】此为"单鞭"之势。

"前倚左足成弓状"句是续说"单鞭"动作中的前方踏落之足，平踏而弓步。"后持虎足换龙腾"句是概言后腿平伸蹬直步。"虎足换龙腾"句，亦言身法转换的过程。

此势又为传统宗风"龙雷铁甲镇金阙"，掌法为"中宫祭印掌"。

参见单鞭·右钩手轮指循经势·吊腕钩手（左凤点头）、单鞭·左掌轮指循经势、单鞭·斜挂单鞭势左龙腾跨步弓状势、单鞭·大舒大展循经势·中宫祭印掌。

【谱文】横行跨走自轻灵，左行虎坐右足平。

【注解】此为"云手"之势。

此势概言由前势"单鞭"转化为"云手"的过程。"横行跨走自轻灵"句指由前势左弓右鉴势，身姿右转，右屈左直腿势，左手由前出"撞掌"向小腹处移。"钩手"化为掌势，同时两手臂由内向外云转。

参见云手·玉鉴中悬。

"左行虎坐右足平"句，概指"云手"身姿左移，左手臂外翻展呈"遮云避日"势，右手顺势下呈"翻盖"势，身姿左移呈"左虎坐"势。右腿伸平。

参见云手·左遮云避日。

【谱文】进手轮生呈有象，三步三跟合行踪。

【注解】"进手轮生呈有象"句概言"云手"是通过手臂由内向外翻的相互轮转的动态构成，形成轮转生成的"易

55

象"。"三步三跟合行踪"句概言"云手"是反复重复的动作。"三步三跟"是指"展足""并足"的动作。泛指同时统一动作的协调性。

【谱文】云手双环通玄迹，进身摇脊任纵横。

【注解】此句概指"云手"的特点，在"三步三跟"的动作中体现"摇脊晃身"的"龙形"态。

"双环通玄迹"是"进手转坐"的身姿，由于"云手"的动作化此"龙形"，才体现出武学纵横天下的震动力。

【谱文】左穿右撞右坐虎，左撞右穿虎左逢。

【注解】此为"云手"之势。

"左穿右撞右坐虎"句，是言"云手"过程中，"玉鉴中悬"势。参见云手。玉鉴中悬。是为左"穿掌"，右"撞掌"，右腿呈"虎踞""坐虎势"。势经"云手·左遮云避日"左右循环，转入"玉鉴中悬"势，出现"左撞右穿虎左逢"动势。即左为"撞掌"，右为"穿掌"，左腿呈"虎踞""坐虎势"。

【谱文】勾云拿月云盘手，三阳化力复按攻。

【注解】"勾云拿月云盘手"句，概言云手动作的传统变化，寓藏一些传统动作，如"勾云拿月""铁门闭扇""踏阵执旗""遮云避日""玉鉴中悬"，皆属于云手中的"杀法"，云手又称为"云盘手"。

"三阳化力复按攻"句，泛说云手动作武法之中，是由"三阳经"转化生出来的"先天真力"完成动作。"先天真力"是与"后天拙力"相对而言的。

云手动作中转化为武学技击大多是以"按"来取胜的，是以"先天真力"来体现太极拳动作风范的。

【谱文】单鞭一式重返顾，霹雷掌法震当胸。
【注解】此为"单鞭"之势。

"单鞭一式重返顾"句，概言单鞭是重复动作，前文已经交待清楚，不重赘叙。唯一说明的一点，是前单鞭以"按掌"势出之，本节动作是以"切掌"势出之。

"霹雷掌法震当胸"句，概言单鞭与前势不同，同是单鞭各分为"平按撞击"与"切掌劈击"。

参见单鞭·摘盔刁手、单鞭·切掌劈击。

【谱文】钩手后化托掌起，右足半步跟前踵。
【注解】此为"高探马"之势。

"钩手后化托掌起"句，概言继"单鞭"动作之后，转为"高探马"势。左钩手化"切掌"，右"切掌"化"托掌"。"右足半步跟前踵"句，概言右足向左足方位处进步，进半步。随之左足起步，向前欲进步。

参见高探马·捧鉴祭印。

【谱文】更令穿掌胸前占，回抽右手封丹宫。
【注解】此为"高探马"之势。

继前势，"更令穿掌胸前占"句，右手平扶下落至身前，随之以"左托掌""穿掌"势前穿击刺，左右手形成"子午交综"势，传统名之为"子午金锋掌"。

随之身姿前展，左足向前进步，左手以"穿掌"出之取

"金锋刺喉"势。右手回抽在左臂下,取"封丹宫"之势。同时左足并踏为弓状,右足蹬平。即由右虎踞坐虎势身姿前移,为龙形之姿。

参见高探马·子午金锋掌、高探马·金锋刺喉。

【谱文】回提右足凤点头,两掌前抄斩双锋。

【注解】此为"右蹬脚"之势。

此句概言继前势,右转身姿,即回身提起右足呈"凤点头"之势。同时,双手做前抄掌"斩双锋"之势。即传统"转身黑虎拂面"势。

参见右蹬脚·转身黑虎拂面。

【谱文】分化双掌并开合,右蹬脚起玉柱倾。

【注解】此为"右蹬脚"之势。

"分化双掌并开合"句,概言继前动作,双手化掌前抄,复而化"捧沙掌"双手置于身前,又为"太乙双封里合手"及"分明玉鉴照故人"势。

右足以"凤点头"化"提龙腿"。左右双掌复而外翻做左右"双封太子掌",同时前蹬右足,以"提龙腿"转化为"右蹬脚起玉柱倾"。此句泛指蹬脚之威力。

参见右蹬脚·捧砂掌、右蹬脚·左右双封太子掌。

【谱文】右足收做提龙腿,双托掌在膝上横。

【注解】此为双风贯耳之势。

"右足收做提龙腿"句,是继前势"右蹬脚"动作,"右蹬脚"转为"提龙脚",将右腿收回,呈"提龙腿"之姿。

"双托掌在膝上横"句，继前动作，同时两手臂由"太子掌"下落转"双托掌"放在右膝上，呈"捧沙掌"即"双托掌"。参见双风贯耳·捧砂掌、双风贯耳·金顶奎牛。

【谱文】龙姿进步换金锤，双风贯耳着法灵。

【注解】此为"双风贯耳"之势。

此句概言继前势，落踏右足进步势，身姿前倾。双手"捧砂掌"转为"握拳"势，此为"双风贯耳"的"金顶奎牛"势。

身姿继前移，双拳上行挥击为"钟鼓齐鸣"势。

参见双风贯耳·金顶奎牛、双风贯耳·钟鼓齐鸣。

【谱文】横开两掌转身形，左足右收乘提龙。

【注解】此为"转身左蹬脚"之势。

此句概言继前势动作，将双拳转化为双掌外翻推击势。同时，左转身姿，将左足向右收之，化提膝势，呈"提龙腿"姿。

参见转身左蹬脚·独立金莲。

【谱文】双掌合抱护金鉴，提龙腿起左前蹬。

【注解】此为"转身左蹬脚"之势。

"双掌合抱护金鉴"句，概言继前动作，将双手合抱于胸前，谓"护金鉴"（护胸）。"提龙腿起左前蹬"句，概言双掌复外翻，同时左足由"提龙腿"转为左前蹬脚势。左手臂前伸，与左足同一方向。

概言内家武学，源于道家，凡是蹬脚分脚，切忌高抬腿脚，抬平即可。因武学出于修真，不可因腿抬过高，而使"海底会阴"穴暴露，一是失之雅态，二则"海底会阴"是不可让人窥露的，因内家有言"天门长开，地户常闭"，武学也是守此规矩。

参见转身左蹬脚·合抱金鉴、转身左蹬脚·循经屈蹬、转身左蹬脚。

【谱文】蹬脚复落中宫处，两掌紧收固金凤。
【注解】此为"蹬脚"与"下势独立"的间歇势。

此句概指蹬脚动作完成后，落足置于中宫处（中宫即自然站立处）。配合蹬脚动作的两手臂也随之落下，此动作是"蹬脚"与"下势独立"间的间歇势。按循经内练所言，切勿将急切的动作相连密切。而要以循经的原则来完成动作，所以在"蹬脚"后，待中宫气圆方可进行下个动作。倘若蹬脚而后，紧接着做仆腿下势，怕是于循经初习者不利，因此需将气机归元再习。

参见中宫气圆。

【谱文】右执钩手三阳俱，金刀金肘左横胸。
【注解】此为"下势独立"之势。

"右执钩手三阳俱"句，概指"下势"的起势，右手化钩手，右伸于右侧位。右腿平足而站立，左足为"凤点头"势。

"金刀金肘左横胸"句，独言左手以金刀之劈喻切掌，以胸前横肘喻金肘，指胸前肺络之脉，并以左手大指对右肩窝之"云门"穴，以利"手太阴肺经"之循。左足"凤点头"的大脚趾间之"足太阴脾经"与"手太阴肺经"相为表里循缠，故以此谱句独阐其微。

参见独立下势·右独立单鞭（金刀赴会）。

【谱文】左递仆腿削金玉，紫燕抄萍下沉峰。

【注解】此为"下势独立"之势。

此句概言站立之姿左腿站直，左足"凤点头"。随而左足仆腿下势，此下势动作传统宗风为"紫燕抄萍"，又喻为"沉峰"下势。

"削金玉"之句，是说左"切掌"之威猛，内家武学有"威猛生之，收藏在内"之律。

参见独立下势·右独立单鞭、独立下势·紫燕抄萍、独立下势·下势单鞭。

【谱文】纵身提足金鸡立，提膝上打偃月宫。

【注解】此为"下势独立"之势。

此句概言"下势独立"之"金鸡独立"势。由"下势单鞭"纵身而起，提起右足呈"金鸡独立"势，又作"提龙腿"。左足站立支撑身姿。"偃月宫"又为"海底穴"。"提膝上打偃月宫"泛化于俗又为"提膝上打致命处，下伤二足不容情"。

参见下势独立·下势单鞭、下势独立·金鸡独立。

【谱文】金锋穿掌随膝至，左足浑立左手封。

【注解】此为"下势独立势"之势。

此句指随纵身站立，左足站地。提起右腿，右膝作为膝打。同时右手以"金锋穿掌"挑之，举在身前内含"切掌"。左足立地的同时，左手做"封护"姿。

（右脚下落为踏震之力，喻之为"下伤二足难容情"之势。）

参见下势独立·金鸡独立。

【谱文】 左起钩手三阳俱，右掀扶封切肘横。

【注解】 此为"下势独立势"之势。

此句概言左腿独立支撑身姿，左手化钩手，以贯彻循经三阳脉络。右手以金刀、金肘、横肘于胸前（参见前注，"右执钩手三阳俱，金刀金肘左横胸"句解）。

参见下势独立·左独立单鞭。

注：此势钩手化空握拳，即化拿刀杆势，为"金刀赴会"与"横刀赴会"，"横刀赴会"指"横背"刀势。独立单鞭又称为"金刀赴会"，因胸前"切掌"为"金刀"。故有此名，又"切掌"之势藏"切肘"。

【谱文】 虎狻移身金顶落，削金截铁不可轻。

【注解】 此为"下势独立势"之势。

"虎狻移身金顶落"句，概言继前动作，"左独立单鞭"的右"凤点头"足提起，化作"提龙腿"。复而下落右足，身姿下移，上身不动，传统宗风喻此为"虎狻移身"。继之，乃为下势单鞭，削金截铁之切掌。

参见下势独立·虎狻移身、下势独立·下势单鞭。

【谱文】腾身左起提龙腿，右足独立展双锋。

【注解】此为"左独立下势"之势。

继前势接"虎夔移身""紫燕抄萍""下势单鞭"而后动作，身姿独立，呈"拖刀赴会"姿。然后转入此句动作。

"右足独立展双锋"的"双锋"，概指左右两手皆为"切掌"，上手的"托"掌实为"切掌""穿掌"（参见"金锋穿掌随膝至"句解）的运化，以"穿掌"出之，后化"切掌"，实为武技的变化。下手之"封护"手法含有"撑"字诀，亦是"切掌"，故名"双锋"。

接下势"玉女穿梭"是下"切掌"，化托球手的"托掌"，上"切掌"转化为"扶封掌"。

参见左独立下势·拖刀赴会、左独立下势·右金鸡独立势。

【谱文】落下左足上右足，虎步左肘平肩封。

【注解】此为"玉女穿梭势"之势。

此句概言继前势动作，左足平落为"虎步"，继上右步。左手化切掌为扶封掌的扶球手，左手臂的肱骨即大臂为平肩相齐。

参见玉女穿梭·太极抱球、玉女穿梭·左太极抱球·进步。

【谱文】右化托掌齐左位，一上一下抱球生。

【注解】此为"玉女穿梭"之势。

右手由"金鸡独立"的"切掌"化右"托掌"，左手扶球手，这样一上一下形成"抱球"势。"齐左位"之句，说

63

明太极抱球是左侧抱球势。

参见玉女穿梭·太极抱球、玉女穿梭·进步。

【谱文】内旋球法分左右，双掌摇身虎换龙。

【注解】此为"玉女穿梭"之势。

此句概言玉女穿梭中动作分为左右之势，左右相同。是由"抱球"而随进步出现的"内旋球"的"转球"动作。

"转球"是通过上下抱球手的动作来体现的，同时腿的动作展现了身姿的变换。由"虎踞"转换为"龙腾"，体现了身姿的摇动。

参见玉女穿梭·进步、玉女穿梭·进步滚球。

【谱文】右行托掌滚肘架，下藏左掌撞中宫。

【注解】此为"玉女穿梭"之势。

此句概言玉女穿梭势中含"进步滚球"动作。此动作右"托掌"转化为"滚肘"上架于头右侧，左掌潜伏在右掌之下，取"撞掌"势前行。传统又将此动作喻为"铁甲独龙掌"。"中宫"泛指敌方胃脾部位，祖国医学称此为"中宫戊己土"。"脾位"又称作"后天之本"，伤之则断其饮食，形成"内伤"。

参见玉女穿梭·进步滚球、玉女穿梭·铁甲独龙掌。

【谱文】左足超越右足锋，右抱球持右肘横。

【注解】此为"玉女穿梭"之势。

接前势，上步抱球，即上左步以"凤点头"势，经过右足而前进。以"右抱球"之势,展示动作,右方右肘横于右侧。

参见玉女穿梭·太极抱球、玉女穿梭·上步滚球。

【谱文】左掌上翻横肘降,右掌遂按穿梭声。

【注解】此为"玉女穿梭"之势。

继前动作,左掌上翻以滚肘之势上架于头左侧,右掌随之以撞掌击其中宫（见前注）。

此则是玉女穿梭之全过程。

参见玉女穿梭·太极抱球、玉女穿梭·虎换龙·上步滚球、玉女穿梭·出掌·铁甲独龙掌、玉女穿梭·铁甲独龙掌。

【谱文】海底针蹲右坐虎,虚点左足落地轻。

【注解】此为"海底针"之势。

此句概言身姿前伏,蹲坐右腿,呈右坐虎踞势。虚点左足,足尖点地,轻落。由玉女穿梭势动作,右手的铁甲独龙掌抽回,置于上身右侧。左手由上"架势"转为下落"切掌"之姿。

参见海底针·虎坐蹲身。

【谱文】左掌撇在膝边护,右用穿掌直下冲。

【注解】此为"海底针"之势。

此句概言继前动作,身姿继蹲伏,左"切掌"置于左膝处。右以"穿掌"向下前方直击。

参见海底针·虎坐蹲身、海底针。

【谱文】闪通臂起左步腾，龙形虎跃右足蹬。

【注解】此为"闪通背"之势。

继前势，身姿直立，右腿站立，左足于右足侧，呈"凤点头"势。右手上提于身前，左手回撤以"金锋掌"待之。随之，左足提起前踏，以龙形虎跃之势前趋，遂将右足蹬之。

参见闪通背·起身化机势、闪通背·抢步前趋。

【谱文】右手护头横架肘，立出左掌托架功。

【注解】此为"闪通背"之势。

继前势，同时动作，右手以护头之姿横架于头右上方，左手遂出以托架之势出之，呈现传统"推窗望月势"。

参见闪通背·抢步前趋、闪通背·托架·推窗望月。

【谱文】转身搬拦锤三更，虎换龙威身展形。

【注解】此为"搬拦锤"之势。

此句概言转身搬拦锤，是以搬之"反砸锤"，拦之"横肘"在胸，捶之"冲击"三势组成。三势动作表示各存有不同的变幻，都是以龙虎身姿来表示传统武学的风格。可以肯定地说，没有龙虎奔跃的神态，便无法体现尚武精神，所谓"威猛生之，收藏在内"。

【谱文】右反砸锤降肘势，左手右拦金肘横。

【注解】此为"搬拦锤"之势。

继"闪通背"动作，身姿右转。左腿弯立，右足进步在左前方，步呈环状。左掌由左侧方向右胸前，横肘拦之，呈"左手右拦金肘横"之势。右手化拳以反背砸锤势呈"降肘"势（同时左足进步于右足前）。

参见搬拦锤·搬、搬拦锤·反背砸锤·外降肘。

【谱文】左进一步纵其力，挺身后足乘势蹬。
【注解】此为"搬拦锤"之势。

继前动作，同时左足进步于右足前，是说左进步而踏落在前，后足是右足，一前一后形成支撑身姿的合力，内含虎踞换龙姿的武势威态。

参见搬拦锤·右虎踞式、搬拦锤·右握金钟。

【谱文】三阳气贯左右脚，右握金锤击不空。
【注解】此"搬拦锤"之势。

此句概言三阳化力，气贯两足，复将右拳直击冲出，称之"搬拦锤"的"锤法"。

参见搬拦锤·右虎踞势、搬拦锤·右握金钟、搬拦锤·侧位大架。

【谱文】左化穿掌神门下，左右两掌托化成。
【注解】此为"如封似闭"之势。

继前势，"搬拦锤"的"冲锤"势，左手化"穿掌"于右手腕部，"神门"穴部位处掌心向上穿出。右手同时化托掌，左右两手皆以"托掌"出现。

参见如封似闭·洗腕双托掌。

【谱文】回展混元球玄转，如封似闭扑按攻。

【注解】此为"如封似闭"之势。

继前势双"托掌"，以上"双掤"，下"扑按""双云撞掌"之势。辗转"混元球"立转，完成"如封似闭"诸法。

参见如封似闭·右虎踞·双掤、如封似闭·右虎踞·扑按、如封似闭·龙行·云撞、如封似闭·侧位大架。

【谱文】右转身姿展右臂，两掌开合照前胸。

【注解】此为"十字手"之势。

此句概言身姿右转，右臂展开。身姿左移双掌掌心朝前，手势下落，呈"左捧沙掌"。继之身中立取"餐霞掌"势。复呈"右捧沙掌"。

参见十字手·过渡换势、十字手·左移捧沙掌、十字手·餐霞掌、十字手·右移捧沙掌。

【谱文】收拢右足身站立，两腿微立期正中。

【注解】此为"十字手"之势。

"收拢右足身站直"概言继前势，右脚以"凤点头"势收回，双手以捧砂掌由下向上似捧沙而起。"两腿微立期正中"概言，自然站立，两掌以捧沙掌化为十字手，掌心向里朝面部及胸上部。

参见十字手·右凤点头十字手、十字手·侧式凤点头、十字手。

【谱文】双掌外翻两侧落，太极合手式完成。

【注解】此为收势。

继前势十字手，两掌处翻，遂而下落，复回还原，即练拳起势之前状态，完成太极拳的全部演练。

参见收势·两掌外翻下落、收势·气脉归元、收势·侧位细部、收势·指掌下落·敛气入窍、转入还原状态。

【谱文】二十四式心意会，体松气固神要宁。

【注解】二十四式循经太极拳之操修，全依靠平心静气与心神会意，指导动作做到"以心行气，务令顺遂"。只有气血沿顺着经穴脉道，顺遂行经，才能有良好的状态。体松是指不用后天蛮拙之力，要沿顺先天气血而动，才可产生"先天真力"。体松概指周身没有蛮力、拙力。人的肌体通过操练太极拳，达到凝神、固气的阶段。这个阶段只有在操练中认真感受体会气脉行经的"以心行气"的用心，认真领会其内涵，才能收到循经太极拳的锻炼效果。

【谱文】太极行拳操演后，体魄康健自有情。

【注解】经过如此行功的操演之后，不但不觉得累，反而觉得精神更增加了许多。即使是在工作疲劳之后，专心练一趟功夫，也会感觉轻松舒适。这一切就是太极拳运动数百年来一直为无以数计的人所喜爱之原因吧。

坚持长期练拳的人，都有体魄康健、益寿延年之效，在太极拳的操演过程中，传统文化的精髓已溶入了自我的神思，自会神采焕发。

第二节　中国循经太极拳二十四式内脉循经谱文注解

【谱文】太极拳法古今传，内隐玄奥要审诠。

【注解】光耀古今的太极拳法，作为中华民族精神文明的代表，已经泛波海内外，形成一种时尚一种文化而普及开来，塑造着人文精神，象征和平美好的生活。但至今研究其内载的隐涵着较为玄深古奥的学识内容，还是要再三仔细审视察诠，才能洞察其真识，并不是像时人将其看作如何如何简明单纯。其中蕴涵着中华五千年文明之溶汇，囊括了以中国道家至朴的天人合一观以及祖国医学传统系列养生哲理。应通过自我行拳来积极地认识自然，健全自我，乃至健康文明，"天行健，寿而康"。

【谱文】气脉宣通十二经，养真泛武翻作拳。

【注解】"气脉宣通十二经"是指在太极拳的锻炼过程中，每一个动作都在影响着人身十二经的流注循环。十二经是概括人身气脉的代词，包括十二正经、奇经八脉、毛络孙络等周身循缠有度的气脉行经，标志着人的气血盈亏的过程。太极拳是祖国养生家、丹道家操拳演武、行血推脉、养气柔体经过千百岁月总结得到的宝贵经验。"养真泛武翻作拳"，古人发现了人的气血有充盈的旺盛时期，有盛衰的变化。人到了中年而后，要刚柔相济地运动，要葆全真气，因而提出"真气要柔、流水穿堤"的观点，在这个基点上形成武学改良。少林拳不是以拳打天下，因为拳里有禅，武当的功夫就太极拳而言，并不是以武强敌，是因为武当的武学是"与道合真"的宝贵经验和珍贵的文明遗产。通过习文演武能管窥天地自然界的规律，用来升华未来的生活。

【谱文】 太乙气化冲任督，气血阴阳走循缠。

【注解】 人体中的阴阳气脉的流行，犹如江河湖泽，纵横交综，分布自然有序，"太乙气化冲任督"是指人体内的元气饱满，譬如湖泽水满而后，自然会向江河溢流一样，体内产生气化盈注，古人喻为"太乙气化"。会导致气血脉经在真元之气的推动下充盈突流。"气为血之帅，血为气之母"，人身周经循缠有度，犹如日月经天、星辰列张、阴阳有序、分有昼夜。人的气血饱满精神充沛，"真气从之"，祛病益寿延年可期。人身体气血的分布如星罗棋布，分阴阳，名经纬，各自循缠。因而太极拳是武学，又是修身、行血推脉、葆真全气颐养天年的好功夫。

【谱文】 二十四式虽简化，循经内脉葆真元。

【注解】 二十四式简化太极拳，是在新中国时期经过改革传统、创编简化的拳种，至今已有40余年的历史了。建国初期，医界泰斗周潜川说"简化太极拳虽是精华，但缺少运气的内涵"。笔者在著写《中国太极拳统真大典》而后，将这简化太极拳经过校正，使之在动作细微处，适应气血的循行，使大众受益。故而谱文言"二十四式虽简化，循经内脉葆真元"。也就是说如今笔者已将这简化二十四势太极拳，赋注内缠循经的新生命，使练武操拳的人有运气、有修脉、聚敛元气、葆真全气的内功了。

【谱文】神意相合参动静，无极生在太极前。
【注解】神，祖国医学认为，"心藏神"。练太极拳和修习其他传统学识一样，要专心致志，心领神会。意，泛指意识、意力。太极拳是动静相参的运动。拳经言："一动无有不动，一静无有不静。"练太极拳除了学会动作之外，还要努力研习其微妙精深处，用神意相合来参悟动静互为其根的变化，那就是太极拳的具体操修了。这才是"神意相合参动静"的谱文含意吧！

"太极者，无极而生"，"无极生太极"。"无极生在太极前"泛指练拳开始是为太极的运化，那么太极之前的功夫，则是在没有练拳时的体悟。譬如书法、绘画中简单地看用笔概都如此，那么字和画之外的功夫则不同了。其中哲理甚深，学人自己在实践中去体验吧！拳经也有"太极者，无极而生"之句，说之无极生太极之易象哲理。

【谱文】阴阳未判真种出，意催身姿动静闲。
【注解】"阴阳未判，乃太极之初，即有真意。"邵子语云："冬至子之半，天心无改移，一阳初动处，万物未生时。"万物未生时，则是阴阳未判之刻，只有阴阳未有分判之际，才有真种出现，此是传统的旧说，言讫真机出现。概而言之，行功之要，动静之枢，是操拳行功的关键时刻。拳经有言："太极者，无极而生。动静之机，阴阳之母也。"拳家按此"真种"即为行功操拳的大要，"真种"即真机、真意。可谓"阴阳未判真种出"。"以意催身动，以神操拳。"在把握住真机之枢而后，用心意去操拳，拳经云："以心行气，以气运身。"要用自我之"意"来催动身姿去行拳。在此基础上，再去体知有关动静之间的互为其根的互换变化。继而才可有希望有条件去努力体察"动中求静""静中求闲"的层次。"意催身姿动静闲"之句指出太极拳的操拳功夫着重"意"的运用，"用意不用力"是其特点。

【谱文】太极开宗起手势，三阳并起通上玄。

【注解】"气力相合处，此势费精研。""以心行气"之句，概言"全凭心意练功夫"。太极拳的特点是注重"心""意"的运用，凡动作，先要有心意的领会感知，"拳不到，意先到"。"凡此皆是意"这个特点，在由始至终的太极拳运动中，都要认真地运用"意"，才能有"顺遂"之"气"行彻周身，以期"行气如九曲珠，无微不至，运劲如百炼钢，无坚不摧"。"太极开宗起手势，三阳并起通上玄"之句，即言从"开太极"之际，练拳开始，手足一动，即是"以心行气，务令顺遂"的开始。双手一抬即有气脉行经。"阳主动"，"阴主静"。太极拳的起首势，即为开拳势，开宗开拳即打，气机即在体内运转。起手势，是因"阳气升腾"而形成的动态。头为六部阳经的汇集处，"醒之在脑"，"眼为心之苗"。拳家有"手眼身法步"五方面的论说。"上玄"概指人的头部至高颠峰，医家名之"会阳""百会"，拳家对此有专门之论，"头顶悬"，即是拳经要论。

【谱文】手三阳经宣真力，双吊球势气最圆。

【注解】人身的十二经，是由手的三阴三阳和足的三阴

73

三阳组成的。"手三阳经宣真力"是指太极起势，阳气升起，手三阳经循环，两臂抬起，抬平为度，由肩而肘而腕而指，所谓"根节动，梢节发"。"气催力到"，由内脉循经的气化态，而生成的力量是先天真力。拳经言"形于手指"，"双吊球"法更是由腕而掌，由掌而指根而指尖，逐次第由气脉循缠而到的气与力。这是由开拳起势即体现"形于手指"。

"双吊球"是以气化力的展现。"双吊球势气最圆"概指太极拳操演之专修次第，传统老拳宗尚有专习，演化为抓球，或铁球，或石球。若是一只手托拿运转大铁球，即是铁沙掌的外功，若是一只手可以用指吊扣住球的三分之一处，则为"擒龙纵鹤"法的"擒龙指"。初练时可用桩功学习，即"双吊球势"，先是空手练，后用实练法。即用手扣握住球的三分之二，或二分之一处，随着功力增加，球可增大增重。

"双吊球势气最圆"又指气脉阴阳交注，循至手指末梢处，即有阴阳互缠之循，内景中称之"元气冲腾"之举，故又为"最圆"，如月圆十五的气度，古人又喻其为日月同辉之验。

【谱文】十指虚合畅玄机，两掌三昧延宗传。

【注解】此句泛指太极武学中尚保留了传统武学的风貌。传统武学对此有"两掌运三昧，十指藏太极"的说法，其中玄妙隐宗可以窥测得到的武学源流，是有宗传延习的，不似时人任意揣测的那么单纯。现如今武技作用已不显，是以祛病延年为宗旨。武学的专功，传统宗风中有"武技的奠基演化专修"过程。

【谱文】平身降气抖神威，双切腕法壮丹田。

【注解】由"开拳势"双手臂抬起，双吊球法展现，则属阳刚升化的过程，随之则转入阴生阳的转化过程。此刻两臂稍下降，同时蹲身坐步，双手形成"腕切"法十指向上，掌心向前，此为降法。气脉由升阳起，为"开拳"势，升气由升在头顶正颠的"九华真峰"的百会而后，随之转为降法，充壮丹田。武学中此时有"威猛生之，收藏在内"的说法，内力充满，精神合充，形神抱一。武功武学则有神威之勇，武学中有"醒气"之法，旧传哼哈二气。即文武两种练法，各有传宗，很难以文字解说。难怪拳经有"入门引路须口授"的名言。双切腕法是继双腕上崩而后的变化势。

【谱文】老祖断凳气下沉，朔身正直撑三环。

【注解】三环者，胸、腰、胯，此三环由醒气合脉，气力合充之势。继上势身姿随内气下降，平身正直，气壮丹田。双手下扶，双腿向下弯曲，双胯下沉，臀部用力下坐，随之醒气"哼——"这个动作，是传统的武练法，旧传其名为"老祖断凳"，文的练法即是太极拳打拳架的练习法。整个过程中，上身正直，"三环"即上中下三环，上环头与肩胸，中环腰胯，下环腿足。谱文概指在练习操演、练武行拳过程中，气下沉降，人如铁铸，顶天立地，随之醒气而使"三环直撑""三花聚顶"（即神气威猛，上贯于头谓之精气神三华聚在真顶，丹道家还有另外的说法），使周围的人产生一种被威摄之感。尤其是武功，必需日积月累，几十年如一日，才能领略到"真实不虚"的武学。

【谱文】 粘连黏随不丢顶，惊弹崩炸走螺旋。

【注解】 破粘连黏随，必须用崩炸、惊弹。粘连黏随是太极拳的特点，太极拳的高手是以"粘连黏随""不丢不顶"之法称誉武林。那么是否"粘连黏随"可以胜出一切呢？武学也同其他学识一样，天外有天，尤其是学识中的高下，要看学识领域的分别。有了循经的内敛，自然会出现一种"惊弹崩炸"之功的内劲，而这种内力的生成是超越"粘连黏随"所能征服的范畴，所以传统武学中流传着这样的一句话："粘连黏随盖天下，专怕惊弹崩炸。"即是说，惊、弹、崩、炸可以破粘连黏随。同时也能使人意会到，有循经内敛的循缠之法，是太极拳法精研深化的自然流露与拳艺走向精深的地步。此句提出了更深层次的学识，让练太极拳的人向着炉火纯青的境地努力。

【谱文】 气化三阳生真力，拳依六合乘金玄。

【注解】 传统医学的十二经分为六阴六阳，六阴经中分为手三阴、足三阴，六阳经中又分为手三阳与足三阳经。手足的三阳经是太阳、少阳、阳明经脉。"气化三阳生真力"是说气化行至三阳脉络时体内会产生先天真力。先天真力并不是单纯指肌肉收缩产生的力量，而是指人体内转化出益于人体生命生存的能源力。先天真力是指由人体内部形成的、在幼小时体态中存在的生命动力。这个动力在祖国医学中被称之为"先天祖气"，简名之为"肾元之气"。这个动力在人成长过程中一直推动着气血循环，吐故纳新。这个动力衰竭了，人的生命也就终止了，常人称之为"气绝身亡"。练拳是使元气再生的一种好方法，传说当年三丰祖师创太极拳是为了使"天下众英豪益寿延年"。

达到这个境界不单纯有学识，同时还要有操修，即"拳依六合乘金玄"。是指身体的肩与胯合、肘与膝合、手与足合，这是外六合。内六合是气与力合、息与脉合、神与意合。太极拳的操持应当注重这内外六合的专习，能做到六合才可得到像黄金般的身心，得到深刻的学理。

【谱文】 丹田内转荣金气，左右二脉任循缠。

【注解】 继前句，经过内外六合的专习，在丹田中会增添很多的元气，即先天的祖气和后天（新陈代谢旺盛，荣卫二气的循环，三焦气化之运转，促进气血新生补充精气，"精满而神旺"）之气。"丹田内转荣金气"概指丹田经过特殊的训练，会出现气脉内转、丹田充实的感受。传统武学说这是体内丹田内转而后生成的"金"气所致。《修真图》言此为"坎中真阳水中金"。"气沉丹田，继而内转上行，至九华真峰处，真水上行，水撞金轮。"

"左右二脉任循缠"概言，传统武学与医学是相通的，过去古人就有许许多多医武并存的宝贵内容，太极拳的循经是"武通于医"的典范。医学中有关于"百会"到"会阴"这条脉，在身前身后还各有一条，即身前"任脉"，身后（背后）"督脉"，（古人有通任督二脉之练法，又称"子午周经"）。但在左右还各有一条脉，名为左脉右脉（这种通脉的练法，又称"卯酉周经"）。太极拳的内操注重全身气脉的调节。

【谱文】野马分鬃宣虎坐，势藏挤撞平肘肩。

【注解】野马分鬃的姿势，是聚散有形之法，聚则蹲身侧坐步，以虎足与凤点头之足一左一右配合成虎坐之虎踞雄视之态，这个姿势在传统脉传中，以强腰固腰、壮水滋肾为要。修炼家多用此势来强健腰腿，滋补肾元。因其势补充先天真力，藏有挤撞之势，故有骁勇之持，是以自身的肘肩来封击敌方的肘肩胸背。此势更着重外六合的架子，为了使"循经"的脉络行经通畅，促使"内外竞发、势必翻腾"的武法，而形成内有循经、外应武法的双重效应。取"内以强身，外以祛恶"之意，以期起到"半经武法半延年"的作用。

【谱文】两手抱球阴阳合，天地相应神意添。

【注解】"两手抱球，久之则上下有气相聚，合成混元太极球。"

继前势野马分鬃势，抱球之姿势是由一上一下之托，按两手构成的。这个姿势为两掌心相对，遥遥相感，阴阳合生，有如天地交泰一般。易理认为，在上者为天为阳，为按为扶；在下者，为地为阴，为托为撑。形成这样有序化有规律的动态，会像阴阳相感那样使气脉合顺。这是古之"天人合一"思想的体现，因为"阴阳五行学说"这种质朴的宇宙观，在祖国医学的理论指导及临症方面都赋有直观的作用，是构成"经络论""气化论"的基础。太极拳是传统脉传中的内容，也同其他学识一样受到"天人合一"精神的哺育，也有"远取诸物、近取诸身"的理论作用。武与医都是如此，都离不开"宗风"之育化。

第二章　中国循经太极拳二十四式谱文注解

【谱文】按掌玄英动大指，中府云门紧相连。

【注解】"抱球"手，在上之掌为按掌，其大指（传统修为将大指端喻之为"玄英"穴）端是手太阴脉的起始处，另一端则是顺手臂内侧上行到肩窝处有"中府""云门"二穴。谱文"按掌玄英动大指，中府云门紧相连"句，概言手太阴肺脉的起始终端，肺脉的作用很大。祖国医学认为，肺为五脏的华盖，肺调合百脉，肺脉一通，人身百脉皆通。肺经起在寅时，修炼家、丹道家、练气士、医家、武术家都着重对肺脉的调节及专修，故有每日寅时起来可以"生发周身之元气"之说。太极拳作为循经的武学，更是这样着重"肺经"的调节。即在抱球姿势中，上面手势的大指，应该对应在肩窝中府、云门位置，形成"感召""互唤"，使肺脉交通。而大指间于肩窝处要有半尺之阔，以使肺脉宣发。这些内容希望读者学人仔细参照，始有"周身百脉皆通"之效。

【谱文】托掌心经居肝脾，外展金凤正循传。

【注解】"野马分鬃"势，以"球"形滚动表示时，是"前后顺开"之动转势。抱球的另外一托掌，在下面身侧胁下处。托掌之小手指（经典谕之"小娘"）系属"少阴心经"之循，应该与胁下肝脾处"互应"。胁下一侧为肝，另一侧为脾，故"抱球"时两手不要紧贴身，要有一定距离。"肝属木""脾属土""心属火""肺属金""肾属水"。祖国医学又有"天一生水"的说法，即说人身要依赖"先天肾水"活命。一个生命降生剪断脐带，哇哇一哭，开始用肺呼吸了，进入肺金生肾水的阶段了。增进饮食，人依赖"水谷之气"的温养，保持生命。故太极拳的循经开始，调整元气，按"五脏生华"的规律"以心行气"。

【谱文】凤点头气宗大趾，下逢二脉透脾肝。

【注解】"凤点头"，又名"搜裆腿"。凤点头以大脚趾落地。大脚趾甲根端两侧为肝经与脾经要穴。以足尖点地按经脉循注，是调节肝脾经之用。按传统医学，手太阴肺与足太阴脾经表里循传，故太极武学以手足并施的运动伸张经脉，同时产生武技作用。

谱文"凤点头气宗大趾，下逢二脉透脾肝"句，概言"凤点头"之势（大脚趾、足尖点地）的循经要意。传统宗风有"武通于医"之说，亦有"以道成医"之论，可见古人习武行医精于斯道的精神。

【谱文】后坐分蹬纵虎势，前平虎足肝脾宣。

【注解】此句即言虎踞之势。"形于手指"在"操演谱文"的句解有详说，"主宰于腰"也有说语。但作为内脉循经内容还是不足以言其文。因为内家武学是以培育元气、宣合气血、疏通经络、再造精神为原则的。"虎踞"之姿被列之为武当太乙十三桩功武法的命脉处。是专门来营补下元亏损的丹功武学，并不是常人能领会的，必需经过一个时期的实修，才可以体会感悟。下元得到调整，肝阳上亢之火就降下来了。脾气之燥也得到调合，"肾水以生肝木"，"脾土以制真水"……均有调节。学者可参照《白鹤真人飞鸣图》《玉环武功》等专著领会内循体验。

【谱文】身纵虎踞换龙姿，金封托掌虎在前。

【注解】虎跃与龙腾的相互转换，是武林内功的丹法武法相互转换，均是以精神气血来构成的运动。"金封托掌"是指野马分鬃势的前手。前出之势导致金风肺脉得以宣通。虎口姿势要求精微"形于手指"，是以虎口前托，那么大拇指与食指均可得到得天独厚的专习。大拇指循手太阴肺经，食指是"乙庚大肠金"，又是"阳明胃经"的经穴要点，长期的练拳内循气脉，无疑能够宣合气血，再造精神。这样，龙虎交换的身姿在长期的操演过程中，会仔细体验循经感受的。

【谱文】始展双锋金风至，后按肺脉共心传。

【注解】前手托之出，后手按之下，这样一上一下地运动，会使"太阴肺脉之金气"得以舒通、宣合。前者大拇指是手太阴肺经"少商"穴的起点，调节肺脉而后则是直接影响到心经气脉的调节转换。双手的小指是关系到"少阴心经"的调整要塞。少指"少冲"穴是心经主穴。就是说，脉道犹如道路，有起点、始点，周身循缠不停。循经现象是内家武学的关键处。

【谱文】抱球复将阴阳聚，混元太极又循缠。

【注解】有使气血到达肢体末梢的时间，还需要由末梢回到四肢躯干的时间，那么这样的散聚，则又给达到末梢的"展"构成了返复的机会。"抱球"是聚气的过程，"分鬃"则是疏导致末梢的展散过程。这样的循经现象，是传统武学上的循经现象，被称为混元太极。

81

【谱文】左右开真舒肝脾，上调离火奏金弦。

【注解】由于"分鬃"的左右手相互交替，符合气脉气机、左进右出、右进左出的规律，这种生态的规律现象，是传统循经现象的武学内练。"托手"的左右互换，两腿两足进步的配合，在内练中体验到舒肝脾的内景实际滋味，因为肺金心火都得到有律之调，其脉络经气则像琴瑟之弦一样，使人从健身过程中得到长寿。

【谱文】白鹤亮翅右坐虎，虎步凤头助肾元。

【注解】白鹤亮翅势取势虎踞，呈右坐虎之势。左脚收回，再迈出均为"凤点头"，故谱文中将其喻为"虎步凤头"之名。其势有助真天真水之坐，乃有滋"助肾元"之说，峨眉虎步功即是此学。学人可参见《天轮地煞图·虎步壮元功》的内容（《武当》杂志1999年第9~11期）。

【谱文】两掌同将中宫护，心肺交融在襟前。

【注解】两手继前"亮翅"势，先右手由上向下划，化切掌在胸前，左手由下向上挥，化切掌在胸前。如此动作即合谱文"两掌同将中宫护"之意。"心肺交融在襟前"句概指，腰而上行之脉，常交注于两臂，聚会于胸，心肺二藏得到护持。

两手的三阴三阳在"两掌同将中宫护"动作中得以"分经流注"。这种气脉的交注，宣合气血，血润筋骨，心肺二藏也在内脉的流注中得到荣养。

【谱文】黄婆脾土胃堪真，印掌虚合顾中原。

【注解】继前句解，心肺而下则正是中土位置，按祖国医学而言，中土黄婆脾胃，人依赖"水谷之气"的营养得以生存。丹道又喻，脾胃为黄婆，心肾的拟人语即婴儿姹女。《性命圭旨》中曾有"婴儿姹女齐齐出，却被黄婆引入室"之句。此按祖国医学而言，即是"心肾相交会"。指心与肾两大脏器的脏液相互媾生、滋养。那么肺与肝的脏液交媾，则是丹道中"龙虎大丹"的内容。丹经语"西山白虎正猖狂，东海青龙不可挡，两者捉来令死斗，化成一块紫金霜。"因此而知，"印掌虚合顾中原"句是说抱球的内含丰富，不是一看可以得知的内容。

太极拳其内脉循经的客观现象是有着历史根源的，与祖国医学和祖国丹道是分不开的。也可以说太极拳生命的血缘关系，一是祖国医学，二是祖国丹道，医学是泛化于俗的学识，而丹道恰恰是我们的祖先建立在传统文化中之神髓内容。仙学是科学，丹道是通向仙学的客观阶梯。这方面的内容可以参阅武当丹法，古来在道藏中不泛多见记载。

【谱文】上有真华降海底，下有神水升至颠。

【注解】所谓真华也者，即心液，神也。"心藏神"泛指心火下降之论也。"下有神水升至颠"句，泛指肾水升腾，"肾开窍于耳"，"肾水主瞳仁"，肾水充满的生态，机体没有衰老的迹象，耳聪目明。"神水"即肾水，"真华"即心神，此二句概言太极拳虽是武学，源于丹道，虽然外形仅有一些迟缓的动作，绵如游丝，源源不断（这是与少林武学来对比），但是其中包涵着循经、宣合气血的内炼之秘，基于丹道，属于丹道武功，因此不能等同于其他武学来看。

"白鹤亮翅"势,以"球"形滚动表示时,是"左右横开"的动转势。

【谱文】 双掌横开抚琴功,右举金锋下火炎。

【注解】 随着"心火下降""肾水升腾"的气血宣合之宜。双掌随顺以横开传统的抚琴功来运化两手臂阴阳气脉之行。两手分为上下之后,上之右手左转腕,然后向右微展之势。先天肾水应有升华之循经,使之心火下注,使腰腿得到充实。不至于气脉上浮,是古人"立稳脚跟"之基础武功。

【谱文】 切掌离宫尊小娘,火练真金紫气悬。

【注解】 切掌中的小指运化颇为主要关键。小指在传统武学中被称之"小娘","离宫"泛指"心宫"。"切掌离宫尊小娘"概言切掌外展之时,小手指是少阴心经的要穴始点,行拳走架当知仔细体会,用小指来调节人之"少阴心经",这样才可以渐入"内家"内练之门。

"火练真金紫气悬"泛指以心来练神意,所达到的高妙层次。"火",即指心;"真金",即神意;"紫气",即高渺之境地。

小指根指心经火,火在外而太阴金在内。阳明胃经、乙庚大肠金在内食指为紫阳针。

【谱文】 搂膝经运丁甲全,左右循宫气血圆。

【注解】 搂膝拗步行功之循,正顺应气血循经,即左搂膝拗步转化为右搂膝拗步,继而又转化为左搂膝拗步,左右两臂交替反复循行,手三阴三阳之循经得到宣彰。经常做此一势，反复数十次锻炼可使腰腿手足十分灵活。所谓丁甲者，丁即火，火，五行主心；甲者即肝，木，主筋，其华在爪。此势着重循心肝的脉络。

又"手太阴肺与足太阴脾相表里"。手足配合，即手臂与腿足，四肢协调，"四肢摇则水谷消"。手足是四肢的末梢。太极拳经言"形于手足"，则为着重手的旋转。除去顺筋理气而外，主宰于手指上的诸经，穴位"全靠胸中有转旋。"乃至"以心行气"，"务令顺遂"。手足之动，务必协调，"乃无迟重之虞"，方可"轻灵活泼"。

【谱文】上齐腮耳金锋动，转用心经五指前。

【注解】动作反复，周转于腮耳处。除之"顺筋理气"而外，更重要的是"阳明脉络"的专循。"搂膝"的行功动作以横环在膝前循过，另一手在耳侧前出"穿掌"化作"按"势，以"撞掌"封敌之来势，这一搂一穿形成了人身体内的循环，"子午双环"的坐标，以斜正横准，标志着内脉循经。反复做重复的动作，直接影响着人的气血循行。

"转用心经五指前"则概言"五指连心"，感受着人体五脏六腑与五指的经络关系，乃致静心体会"感而遂通"的实际气血行经的滋味。

【谱文】下执金诀绕膝过，虎跃龙腾肾水环。

【注解】"搂膝"之手，是藏执"金诀"之手，其中"食指"合并即为"神锋剑气"之势，是传统宗风之"火乘金相"之局。又合"金非火克不能成器者律，"搂膝"下行，加之左右两腿足相互"推潮"，使之"虎跃龙腾"行经反复运转，方可震动"先天真水"，使之"肾水"升腾，心火下降。如此水火呈环，周而复始，上合"天行健""寿而康"之数度。"绕膝过"概言丹道武学喻此为绕内膝眼与外膝眼，祖国医学认为在内膝腿附近有"血海"一穴，活跃血海与内外膝眼的气血专修法，为小炼形"提龙腿"的动作。

【谱文】摇身晃脊气脉生，命门灵台正应源。

【注解】细心体会搂膝拗步的动作，是由"摇身晃脊"的微妙动作，反复运行，"摇身晃脊"这种特殊的调动人体气血的活动，带动着人腰背部"命门"左右穴，及上督胸椎位的"灵台"穴。由于"搂膝"动作与屈腿进步的环划，腿的动作直接影响"命门"，手臂的动作直接影响"灵台"，这种循经对于气脉的调整，来源于形体动作的特殊动态。

【谱文】横肘云封三才势，左右搂膝虎龙旋。

【注解】"搂膝"是采用"反肘"，由内向外，再转至腰胯间。"搂膝"的手势，是小指在前，继而转臂肘腕产生弧形动作，形成五指向前的"按抚"势，掌心向下虎口对腰胯。由于动作的轨迹出于自然，形成专修，因而产生上中下的"云封"势。于内脉循经，源于自然，乃至于天人合一，没有违背自然之处，因此合顺于经络之循。而"搂膝"的运转轨迹，与"云手"运转之轨迹，正是相反，是属"里合手""化手"的运转。

"左右搂膝虎龙旋"，因"搂膝"形成的步法，一屈一蹬为龙虎之姿，与之循行内脉，出现因虎姿换龙姿的反复而有"气机右进左出，左进右出"之实，"旋"字即说出内循的连续性。"如长江大河，滔滔不绝。"

【谱文】上动剑气并离火，下行真水达乾元。

【注解】此二句亦言"搂膝拗步势。"

传统脉传"穿掌过听宫"一势，内藏剑指，"食指乙庚金"是"大肠经"与"阳明胃经"，"中指"为"心包络"，"大指"为手太阴肺经。此为"剑气"于身中血脉相生者。

四肢摇动，"水谷宣化"，扣为剑诀，上行于心，"离火下注"。肾水在下，复使"真水上腾"，而"达朝气元真顶"，此皆"修真"语，太极拳"以心行气，以气运身"，是宗修真而呈大道。

【谱文】手挥琵琶聚坎水，外应六合见经传。

【注解】"手挥琵琶"一势，可以聚"坎宫真元""先天真水"。即"行发周身之元气"。"手挥琵琶"的姿势，以"跨"为之，似"虎跨"而"踞立"，内含"真阳凝聚"，外期"肩与跨合""手与足合"……拳家内脉乃六合之乘，太典充真，留此经律，传之后世。

【谱文】煅平神火乾金势，太阴上下溶一团。

【注解】"煅平神火乾金势"概指行拳的内炼操修，主要是"以心行气"。"神火"指心宫，见《修真图示》"心宫乃朱陵火府"。乾金势概言气脉乃能"收敛入骨"上至"乾峰"。乾乃"乾三连"，"乾为天""乾属金"。

"太阴上下溶一团"概言"太阴脉象"，上下互为表里。"手太阴肺脉"与"足太阴脾"相为表里，肺脉通达，人皮毛丰泽。肺主司一身的气脉平衡。脾主司运化之功。"脾乐则磨"，"手太阴'玄英'窍"位于大指，"每日寅时起肺经，卯时流入大肠中……"，古人曾有关于"十二经气血注歌"。从"肺经"的拇指至足脾经之大脚趾的气血循传，即表明中国太极拳的"内炼"过程。

【谱文】 长持虎威壮腰腿，内滋肾气育真元。

【注解】 "手挥琵琶"势，从武学上隐含着擒拿法中的"断肘折肱"，有"神勇虎威"之持。长习此势，壮腰腿之力，使之"下元"饱满。"精饱神旺"，使人能以益寿强身。内滋生长肾气，即"先天肾水"，得以"育化真元"，故练太极拳的人得以内炼，自然能补益先天，耳聪目明。

【谱文】 平送眉目降肝火，静运金风期永年。

【注解】 在操演内炼过程中，"神光平视"可以"降伏肝火"，"肾水升腾""水养木泽"，故使"肝气平舒"。也就是说，有太极拳内炼修养的人，很少有急躁性子。说是修养但不知其中"三昧"，故先要运化"太阴脉络"，祖国医学有五行阴阳说，"肺金生肾水"故能润滋肝木。所以长期运化"内炼"功夫者可以"期永年""长生久视"这是太极内炼效果的印证。

【谱文】 倒卷肱法后做前，前后一字臂横担。

【注解】 此叙说"倒卷肱"法之内炼循经"倒转肱"动作，以左右两臂形成前后"一"字造型。按传统宗风又喻之为"二郎担山"，但又与"通臂"功夫相合。"通臂"也好，

"二郎担山"也好，"倒转肱"也好，都是以"宣通两臂"为根本，以通达两臂脉道而见真。"倒转肱"即以手三阴、手三阳经脉带动周身气脉。

【谱文】乘取通背担山势，坠坐虎步身退还。

【注解】此节续言"倒卷肱"内炼。"乘取通背担山势"，足以说明内家武学乃为一宗，只要得其真传，即是内操。"倒卷肱"有关"内操"之学与动作是统一要领的。"坠坐虎步"是其关键。"坠坐"一势位在腰胯，然后下带动腿足，上随动以手臂。这一点正是"主宰于腰""形于手指"之处。没有内练，四肢失于灵活，不能"真气聚而充之。""身便散乱""倒卷肱"贵在坠其身形，重在腰胯。

【谱文】腰胯肩脊壮真力，左循右缠神在前。

【注解】此节续说"倒转肱"内炼方法。由腰胯意专，形姿虎踞。以腰脊上充两肩，乃壮真力。概言无论气脉的循缠是出于左，还是出于右，不外乎"左循右缠""右循左缠"，都必须"以神为要"，"神在前"句足以概括说出"神为主帅"的关键。

重于神，不仅是太极拳是以"神在前"为之"主帅"，神化意而气行。着重神意的煅炼，是太极拳内操内炼的首要条件，继之才能领略其内涵神髓。

【谱文】上下循经经子午，右进左出气缠旋。

【注解】此节续说"倒转肱"内操内炼。通过以腰胯为宗的动作，而达到手足的循经，是上下周身统一的循经，这

89

种循经是建立在"子午交注"的基础之上的学识内容，依然依赖"右进左出，左进右出"的原则来循缠。"子午流注"是祖国医学对人体十二经循缠的一种认识，是认识人体气化的一种形式，是客观存在的人体气血交注的蓝图。

【谱文】揽雀尾要势经拳，挤按掤捋守腰间。

【注解】此"揽雀尾"势内操，概言"揽雀尾"动作，也同其他动作一样，要照顾到内操内练，以"拳势"求合于"经脉"的运行。即操拳同时要意识到动作、拳势要与气脉的循缠统一起来。掤、捋、挤、按各势变化动作，都要以"腰为主宰"为统领全体动作的纲领，以求腰的活动，牵引着手足四肢的动作。不是仅仅的行功，而是行功中融合了气血循缠的经脉循环。太极拳经典言"腰为第一主宰"，"揽雀尾"动作是太极拳中的主势，"外发出四相，内行运五行"。左右两侧均有"揽雀尾"。

【谱文】后宣坐虎因命门，侧抱球势左右权。

【注解】继而言之"揽雀尾"动作，身姿由"虎坐"之姿而以"虎踞"势守之。以宣合"命门""肾窍"之活动。无论是"左抱球"还是"右抱球"势，即置于左右两侧的"太极抱球"势，都要注重"命门"这一部位的"气化"活动。"命意源头在腰隙"，谱文一直在叙说"主宰于腰"的"命蒂"。

以肾为本，气血充盈，方是内操内炼的基础。

无论是怎样的抱球，怎样的动作，都要时时地权衡自我。

第二章　中国循经太极拳二十四式谱文注解

【谱文】托掌掤起金钟响，心肺肝脾五行全。

【注解】以抱球势的动作而言内炼，在肋下之手，穿心向上，位于肩的另一侧的肋下，为"托掌"。"托掌"大指与同手臂的"肩窝云门"穴，形成"手太阴经脉"舒展之姿。扶球的手姿是掌心向下，拇指对之肩窝"云门"穴，构成大拇指玄英穴与云门穴隐隐相连，遥遥相对。如此两只手臂的"金风循彻"，身中"金风振动"。故谱文喻之为"金钟响"。

继而诸脏诸腑，脏腑间的五行生化之序，皆因"肺主平衡"而使全身脉道阴阳平合，气血充盈，乃致内操内炼之效。

【谱文】捋挤二法生气象，虎踞龙腾趁往还。

【注解】"捋"势与"挤"法均有缠循。捋时两臂出现"外循缠经"。挤时，两臂出现"内缠循经"法。

除去两臂的动作而外，要依赖"腰胯"展动双腿，主导身姿。

如此一来一往，形成龙虎之姿，一是传统宗风脉传如是说，又是内操内练的关健。不懂内操内涵之人往往忽视身姿的运化，乃致每一个动作的造型亦要精确，尚须认真。因体质与知识层所限，要练好太极内操内炼尚要努力学些理论，知其道理。

太极内操之学，要以龙虎之身姿变换为基础，方能登堂入室认识传统武学。动作中唯"捋"与"挤"可以领略"内外循缠"的精微感受，由此而进入全程操练达到"循缠"境界。

【谱文】龙虎夺势尝进退，退身方显虎坐宣。

【注解】此节继续说传统武学内操"进退"之法。言其始终贯彻在"龙虎"身姿的变化之中。

此节着重指出，"退身"是以"虎坐"的身姿来表示的。"虎坐"主肾气，是健身"葆真全气"第一法，此注已在（手挥琵琶）势中说明，此不赘叙。

【谱文】进势挤按虎换龙，全策再审大用篇。

【注解】继前势，叙说"退身"以"宣虎坐"之势后，再言进势无论是"挤"是"按"，或是其他动作都是"虎换龙"的身姿变换过程。

若是认真地理解领会其详细微妙的"进退"身姿，除经师传"口传心授"而外，就要认真仔细反复持颂《中国循经太极拳二十四势全体大用篇》谱文及其他《谱文》，相互印证，得到融会贯通，理认其精神。

【谱文】三阳气化同雷震，钩手吊腕滚单鞭。

【注解】此节叙说"单鞭"一势之内操内炼的内容。

"钩手吊腕"是"滚手"单鞭的重要组成部分。"钩手"的"内循"是"三阳"化力的阶段。"三阳化力"出于"修真"与"医易"，"阳主动而阴主静"，三阳显化乃是"阳气上升"过程。手的循经分为"手三阴"与"手三阳"。"三阳气化"即有快速的"显化"，因此在操演时，先要诸次第相循，再求内操。"滚手单鞭"在武学中是发力猛、速度快的"降敌"手段。

第二章　中国循经太极拳二十四式谱文注解

【谱文】云手三循撑云环，横行龙虎势要圆。

【注解】此言"云手"动作的关键处，就内操内炼而言，"云手"是通过反复的运化，才导致有"内循"境界的。是"三循"撑"云环掌"的动作，简言"云手"。

此节着重说"横行龙虎"之势的运化。随其手足相互协调而动，"横行"变化的"龙虎"之身姿变换。要注重身姿，动作气势要圆。

【谱文】子午云掌摇脊过，上下相随气需缠。

【注解】"子午云掌"是内炼循经的关键，动作即是在做"云手"时，注意一手在上，一手在下，形成"子午线"时的动作，是掌势都向同一方向的姿势。形成子午线的掌势时，其配合周身动作的则是注重脊柱的活动。脊柱的活动，主宰着一身上下相随的气脉，隶属于一身阳气的循经气化活动。从最初的气脉循环，到丰富繁复的周身全部的气脉循缠，都可在操拳行功之中体会感受。

【谱文】三阳化力挤崩肘，肩胯封敌夺身前。

【注解】此句续说"云手"的循经。概言"云手"之势运转时，左右两手都运动于右左各一方时，则出现武法中的"挤"势（横挤）发出"崩"力肘势，是由于人身的"三阳化力"展示的"阳刚化力"的作为。同时，"三阳化力"牵动周身，如肩胯则可以由此势发力的"刚猛"而达到"降敌"作用。这里强调的是，用肩胯封敌时要十分注意，在"奇其势"的机会下，肩胯以"撞挤"发敌，以免失势，被敌拊制。要做到"挤他虚实现，摊开即成功"，"摊开"即是"见实"则发的大力，敌人才不会逃脱。

【谱文】三环进步得攻手，金蛟云月任往还。

【注解】关于"云手"的"三进""三合"，是以左右相间的"环缠"力"克敌"。所谓"得攻手"，是在遇敌之刻要随时地发现有进攻的机会。有了机会则云手中的"金蛟剪"与"勾云拿月"的"擒拿封闭"手法同身法一齐作用来"降敌"。

在"遇敌"之际，要以"云手"的"金蛟""云月"手法任意地出之往还，否则就不是内炼。因内操内炼是"击舞双并"之法。在没有敌人的情况下，是自我内操内练以行气，所谓"行气如九曲珠，无微不至"。有敌在时，是克敌降敌之法，谓"运劲如百炼钢，何坚不摧"。

【谱文】单鞭后宣虎坐势，高探马取拦手穿。

【注解】此节言"云手"后"单鞭"运化。此时注重身姿聚气聚力的操作。利用"虎坐"之势导以"气脉归元"，复进行下个动作，即"高探马"势中的"拦敌手"和相配合的另一手"金锋穿掌"，都需要在"武技"的演化过程中体会内操循缠之法。因为武技与内操是合一的动作，只有内在的循经以及无往而不利的"气化"，克敌时才会发挥到"无迟重之虞"，发敌应之于"发落点对即成功"。若是内操的功夫不"顺天呈象"的"自然合之于道"，那么断然也不会产生"内力发之于敌"，行"运劲如抽丝，发劲似放箭"之效。

第二章 中国循经太极拳二十四式谱文注解

【谱文】肾元双升运真水，金锋掌刺力更坚。

【注解】由于前势有"宣虎坐"势的"守真水于坎宫"作为，始有"云手""单鞭""高探马"运作，双手臂的"克降"敌人的"内力"。简而言之，"肾元双升运真水"是指能以"肾水升腾"之效，复有"四肢百骸"得以"运化"之质，故才有"金锋掌刺力更坚"之用。

统而言此，所有手足的动，全赖以"真元""肾水"的滋养，始知内家内操，缠循无疑也。

【谱文】右蹬脚藏提龙腿，凤点头起掌在前。

【注解】此节言"右蹬脚"之势，是由"提龙腿"转化而来的，"蹬脚"需先将其抬起。按内操内练而言，并不是如常人理解的那么简单。以循经而言内操，凡身姿欲动，气血随之，动作精微，细心为之。"蹬脚"之初，应是由"凤点头"，始"气脉"行至"肝脾"脉络，继而转化"提龙腿"动作。全身动作要协调，"凤点头"动作一动，两手以掌动即随之。此即为同时动作。"主宰于腰"，身姿一动，四肢相随。大凡动作，无论是武学还是内练内操，都旨在精微，详察阴阳，始有"无迟重之虞"。虽然"蹬脚"是普通的动作，依然要仔细十分。

【谱文】手足循经合真力，蹬脚击敌软肋间。

【注解】续"右蹬脚"势，再言内操内练之用。前文说"身姿一动，四肢相随"，循经于手足，"宣合真力"，这是内家武学之必经。盘架子是"行气导脉"阶段，"尚武"是"降敌"精神。对体用如一的太极拳而言，无论是"内操"

还是"尚武"都遵循着人之气血行经,"意气君来骨肉臣",这句古老的经典之训,是太极拳数百年来操修的原则。

【谱文】收足提膝身正立,双风贯耳扣双拳。

【注解】继前势"右蹬脚"而后,收足提膝,准备"双风贯耳"姿势动作转换。将"横蹬"之右脚收回,转成"提膝"的"提龙腿"势。复将左右手以掌的姿势置于"提膝"的膝上。继之落足,以"龙姿"落地,前足取"龙腾"屈足为弓状,后腿伸直。随之两手以掌化势放于膝上,继而进步的同时,两手由掌化拳,做欲击状。此势复将手的三阴、手的三阳、足的三阴、足的三阳、阴阳循缠于动作过渡中认真体验,实践感受其"内外循缠"的自然状态。

【谱文】进取三阳聚金鼎,宣通督脉冲上元。

【注解】继前势,接着说"双风贯耳"之势,动作转化复有循经自然之度。此"双风贯耳"的全部动作,包括上句在内都是在调节之作。而后则是"进取三阳"的循经内操内炼过程。"聚金鼎"之句,概言周身气脉随四肢而循于周身继而上行,循之于脑,脑又被喻之为"六阳真乾",即六部"阳经"的聚汇点。"宣通督脉冲上元",直言"双风贯耳"势是有"宣通督脉"的功效。"冲上元"概指"元气"冲入颅腔,又喻"元气入脑"(阳气上行,至颠顶)。

【谱文】转身蹬脚起左足,同挥双掌护摆莲。

【注解】此节是"左蹬脚"之势,继前势"双风贯耳"后,左转身形,左足蹬起。同时,两手合抱于胸,随脚的蹬出，两手外展伸开逆掌势。双掌合抱时，含气于胸，起"提龙腿"，运气以足。复而手足外分，即"气力合于手足"形成"左蹬脚"之势。故言左右两手外展而挥，是为掌姿，可以用掌袭敌，即为双掌护掩左起的"蹬脚"。所谓内练者，"以气运身，务令顺遂"，练意在先，用意气遂之，久而使气血先行，"练时情中有，用时形内含"。

【谱文】下势赴腿分跨虎，钩手穿掌力横担。

【注解】此节概述"下势"的姿势，下势动作是由"赴腿下势"而期至。先取"跨虎势"，继而赴腿下势，同时双臂运行，上手为钩手，下手为切掌，后转化为穿掌，接下动作金鸡独立势。

此手臂与腿足均为"阳经"化力阶段。

【谱文】纵身金鸡独立占，膝打挑掌朱陵参。

【注解】继前势，然后"赴腿"随身姿更换而纵起身形，起身独立，谓"金鸡独立"。前足站的后腿提起化为"提龙腿"，以"膝打"之。同时，前手随腿而动，独立之足的同向手势虚按呈势。前提膝侧之手，随膝起而手以穿掌挑之，降敌应于"心胸"之处。此势"三阳"化力，动合周身，故膝打以"崩"，手穿掌贯力击之，应敌所变之手。

【谱文】穿梭参做抱球姿，金凤离火自周是。

【注解】此节为"玉女穿梭"势。是由"抱球"的动作组成。

手大拇指的太阴肺经与手小指肾经，因"抱球"转化

97

为"穿梭"势，手掌随手臂向上辗转、手上扬而转掌势，大拇指与小指"转经"而循，施之内操内炼，手足同展转。因"抱球"势而形成"循缠"（参加"揽雀尾"势的抱球动作）。

因"抱球"而展转化为"穿梭"则是为"金风太阴"转入为"心宫离火"之专循。

【谱文】托掌外翻运心脉，按掌前推奏金弦。

【注解】此继前势图说"穿梭"的动作，续说"抱球"的手势。上下手掌同时动作，下之"托掌""滚肘"外翻上遮架横在头上之姿，是谓运化"心经"脉络的循经内炼。

上之"扶封"掌势随"托掌"同时经为"按揭"之掌势，前行"推撞"姿，是以内操内炼循缠"太阴肺脉。"

【谱文】海底针要躬身就，左封右刺取丹田。

【注解】此节叙说"海底针"动作的内练方法。

由"海底针"身姿取躬势，前手以"穿掌"取刺势，后手以"扶按"取"封"势。以内炼内操而言，此势在前诸式基础上，诸经渐开。此势手取"穿掌"需气贯指尖，余姿均为"以心行气，务令沉着"为准，久之自有诸经的觉察变化。

【谱文】闪通背势左为攻，身腾龙姿掌转旋。

【注解】此节为"闪通背"动作内操内练法，概言"闪通背"的动作。

左手臂向前取攻势，身姿前倾，取"龙腾"之姿前进。

右手臂同时上行，并以上仰掌心外旋之势运化。

【谱文】右翻横肘封金顶，右腿蹬送左在前。
【注解】"金顶"喻头。此句指右臂外翻，横肘在头上，遮护于头。

右腿发蹬力支撑身姿，左足前踏，左腿呈弓状，身姿前仰，取"龙腾"之势。

【谱文】上扬翻手金催火，龙形推掌撞金团。
【注解】"上扬翻手金催火"之句，概言右手横肘上扬护头之势。为"金催火"之内操循经。"金"指"乙庚大肠金""手太阴肺金"。"火"指"离宫心火"，即心包经与少阴心经。

"龙形推掌撞金团"之句，言"扇通背"是取"龙形"推掌撞掌取臂，牵制前胸后背。

【谱文】进步搬拦降肘势，右砸左拦龙虎全。
【注解】此节概言"进步搬拦锤"动作内操内练方法。手法上是以"右砸"为"搬"的行功出现，也称之为"反砸降肘势"。

随之身姿前移左为"拦"之"横肘势"出现。同时身姿是以"龙虎"势出之，是"虎换龙"的动作。

【谱文】右足上前横金肘，后足蹬时贯右拳。
【注解】续前势动作，此节概言两腿足之势。

右砸的"反降肘"为右足在前，而"左拦"之手则是左足在前,变化"龙虎"之姿,而后平击"直拳"转为右"蹬足"势。

随诸经渐循于周身,"行拳"时会出现"内外"之缠的循经势,"出掌"时会出现"分经流注"。"分经流注"则会有明显的循缠出现。"握拳""行拳"则有"内缠"或"外缠"现象。

【谱文】如封似闭洗腕缠,掌趁金宫顾盼间。

【注解】此势言"如封似闭"的动作循经。着重以"洗腕"所示(因此动作一般被人忽视),两臂合抱呈"掤"势时,掌心内向。大拇指在上而循"肺金",随之"左顾""右盼"。功夫精者,可由大拇指"金经"渐循小指"少阴心经"。

【谱文】双抄掌拢合天地,十字手挥正胸前。

【注解】续说前势,接着掌心外翻呈"抄掌"势,"合拢天地"于胸前,两手交叉在胸呈"十字手"势。以"形于手指"来展示大拇指、小指,配合内练内操之气血循缠。两手位于胸间隐约遥罩"膻中"穴,意在"气会膻中"而交注气脉。

【谱文】两掌下落收招式,合神会脉敛真元。

【注解】随着两手掌下落,而收招收势,关键处在于"合神会脉"而达到"收敛""真元"。"合神会脉"即将自我身中的经脉气血的行经、缠循现象,都随着自我"神光"集中在一起,会合于神,即使自己的"精气"与"神光"交会，才能达到"收敛"自我的"真正元气"的目的。

【谱文】外周拳脚廿四式，内应百脉气血宣。
【注解】按祖国医学而言"有其内必形之于外"，通过外在有具体操练的行功，二十四式的太极拳有形象的锻炼，内在的百脉调合和气血充盈现象是在外象拳脚的动作过程中体现的。这才真是传统武学循经太极拳的特点，外练拳脚动作内应宣合气血。

【谱文】行拳凝神开文武，经运内脉自循缠。
【注解】宗风所畅言，操炼武学与锻炼拳脚都是从聚精会神起步的。宗风的武学，有谱文经典传宗为文，有招势名称、动作、意义学习为武。文武合参，乃宗风传真。通过外在的文武两大途径阐述着道理，叙说武学的精湛，同时内操内练，有内外同步的练习方法，配合经络运行，宣合气血，推动内脉的循缠，从而达到武途武学的真实境地。

【谱文】初知内脉循经注，再审祥和血气源。
【注解】从最初的武学操持，初领会人身内脉的循经流注感受。继而再去仔细认真地审视详察气血的流速走向，以及真正地得到血气源头的运转体会。

【谱文】十二经行太极轮，八脉奇经自循传。
【注解】人身体的"十二正经"循转，完美地结合太极拳运动"腰为轴，气为轮"的内涵。从操拳之初始，即影响推动着奇经八脉的流注。

【谱文】以武弘仁证玄机，以神推脉期天然。

【注解】从人身气血精神的操持锻炼，乃至走向"以武弘仁"道德模范的操修，参玄印证自然界与人生命生活的契机。从肤浅地初步学习太极拳运动，以至于努力到以神意相推，影响着身体内的血脉精气，领会"神水来潮""以神推脉"，以期达到自然之天性豁达、智明达化境界。

【谱文】感而遂通精斯道，艺精于勤费经研。

【注解】达到真如妙境、"感而遂通"的地步，以拳艺所会，再造精神，精于斯道。正如古人所教化那样，"业精于勤""游于艺"，这条路是颇费精研的。

【谱文】辗转相习无休歇，精意揣摩见真诠。

【注解】每日里辗转相习，无休无歇，精意揣摩，始见真诠。

【谱文】古传太极练神意，经研内脉效前贤。

【注解】传统的太极内脉是从神意为用，"意气君来骨肉臣"。通过"经研"太极拳操持，才能继承传统，效宗古人，使民族精神之瑰宝得以弘扬光大。

太极拳武学并不是着重"技击夺魁"，其高深玄妙之处是与道合真。操演太极拳除益于健康而外，还能促进学习继承民族传统，使民族精神发扬光大。

【谱文】太极操练天行健，始知太极非等闲。

【注解】通过太极拳每日操修，形成自然，合于古人所谓"天行健，寿而康"的境界。能站在这个知识领域中去理解和学习相同的太极拳，操演内练，始知民族传统太极拳这个古老而又年轻的生命，真是"非等闲"啊！

第三节 中国循经太极拳二十四式武学概谱注解

【谱文】太极起势阳气升，双腕挑打吊球成。

【注解】太极拳的运动是由气血循经所构成的动态，因此在拳中的动静变化，均离不开阴阳气脉的流注。太极拳的起势又名"开太极"，这一动作是由于阳气升腾所致。气行至手三阳时，将手臂抬起，故为"太极起势阳气升"。又因为太极拳是武术，其动作要按武学技击来分析，以传统武学为宗论之，太极起势即为技击，同时又是行气，拳经言："以气运身，务令顺遂。"太极起势是由手握（五指吊腕抓球势，参见动作图示）球姿吊腕而起。以腕向上抬而形成"吊腕"势，构成向上"崩"打敌方来进击之手。即用崩击挑打来完成封住敌方的武学动作。此为双手上抬之姿所化为武技的典范动作。

【谱文】左右采挒取肘胲，上崩下砸将势封。

【注解】继上势，太极起势，抬两手臂为平，以腕打崩敌来势，封住敌手使之不得进击，复而将上崩吊球腕打之势下降。可以乘敌之来势，于间隙顺势取或左或右的采挒之法，取敌的肘肱处，发放得势，是为"左右采挒取肘肱"。在行采挒同时，转腰使肩胯活摆，增强采挒的威力。其法一是，以手采住敌手臂谓"二把採住莫放松"，顺势发放。其法二是，转腰闪势更快，以我前臂压住敌手的前臂使之不得进发，同时以手采敌胸襟，抓住急发放之。此势急且快，以免慢使敌变，骤然应之发放，使敌方无有还手或变机之隙。

"上崩"是提双吊球手势，以腕击崩砸形成的技法。"下砸"是指"上崩"之势被敌闪过，瞬间由升转为降法，双手以"切腕"之法向下击敌，此为"切斩之法"，又为"下砸"法。无论"上崩""下砸"都是"封势"之法。

【谱文】身蹲后足宣虎坐，前腿放平纵虎行。

【注解】蹲身后坐，是将身姿移向后腿，形成蹲坐的姿势。前腿放平，后腿屈蹲成为坐步。这个典范的姿势一直贯彻在太极拳的行拳套路中。这一腿在前，另一腿在后，前腿平直，后腿蹲坐的站立势，在武当武学中称为"虎踞"，其他门宗又称为"虎步功"，有"壮肾"之效。习武练功之人常以此桩法为"补滋真元"，充实"下元亏损"的功能。武学中将这前后步的站势称为"宣照虎坐"的"威仪"。通常又将这后坐步称为下山步。

【谱文】前足落定身前移，龙姿就势后足蹬。

【注解】继前势动作，将前方伸开放平的脚踏实，身姿前移，形成了前弓步、后蹬步的姿势，通常又称为登山步。

传统武学将这身姿由后向前移动的动作称之为"虎换龙争"，又因速度过敏的身姿而生成的另一名词，为"虎跃龙腾"。

【谱文】 龙行虎步相交峙，动静阴阳虎换龙。

【注解】 龙换虎，还是虎换龙，都标志着身姿的变换，龙虎的反复运化形成了丰富多彩的武学天地。这一龙一虎的运动，有动有静，有阴有阳的互为转化，互为其根，构成了进退、辗转，构成了闪展腾挪，成为基础武学的原始因素，由简至繁，再由繁至简，构成了至柔至刚、阴阳合生的基本条件。可以肯定地说，无论哪家的武学，哪派的武术，都离不开这一龙一虎的互相生化，因此这一龙一虎的运化无疑地为至简至易或高深莫测的武学打下了雄厚的基础。

【谱文】 虎形进前回头打，直冲龙姿闯前踪。

【注解】 龙虎的身姿各有特点，各有不同，以其特有的生活习性展示出古人对龙虎两种不同的生命的分判有疆，阴阳不同的神会。此句是说武学中各自的特点。在传统学识中，不同的领域各自代表其不同的含义，喻示着不同的境界。因文篇有限，笔者不做更多的注解。

【谱文】 野马分鬃抱球姿，托掌上映金肘横。

【注解】 野马分鬃的动作，是以抱球的姿势作为基础，或左抱球，或右抱球，无论在左侧或在右侧都是在身侧将球抱起。以右抱球势为例，左手以托掌（掌心向上），置于右胸胁下处，右前臂抬与肩平，右手在上扶掌（掌心向下），与左掌掌心相对，呈右抱球势。以右抱球势为例，上下两手可以做外翻动作，左手可化切掌封自我下盘部位，防止敌方用撩阴法击来，同时掩护小腹与胃口处。右手外翻，可化刁掳手，挀撮、刁拿敌之来势，封住我肩胸，喉头处。双手齐挥，由右向左以双封排山掌出之，是传统宗传的"麻姑献寿"势。左抱球势反之。

【谱文】 足尖点落凤点头，提膝提足势提龙。

【注解】 以右抱球为例，左足尖点地，置于右足内侧，膝微向内合，为传统武学中的"掩裆"势。此势之武学名为"凤点头"。此势可藏提膝的"膝打"，可化为以足尖向敌裆部袭击踢之，又为"搜裆腿"。随着功夫深化，左足处展向左前方踏踹，可化"外截脚"击敌，传统武学又论为"扁踹卧牛腿"。若将身姿下沉，向右方，或右前方击之，可化"内截脚"击敌。传统武学谓之"藏身斜卧横扁踹"，或"湘子跨蓝横云脚"，或"铁拐跌礽卧云斜"。此势又为武当修真法中小炼形的"提龙腿"。

【谱文】 上下抱球阴阳分，阴阳掌法各不同。

【注解】 继前势野马分鬃势，无论是左抱球，还是右抱球，都是两只手分为上下合抱而成，上下之手而分做阴阳，而阴掌阳掌在武学上的用法存在着根本的区别。

传统武学中的阴阳掌法互换、互用，都有其专习的规程。如"云环掌"中的"云环双撞掌"，是通过内力循缠的运转化阴阳而为如一者；"扑云掌"中的"白虹贯日"也是靠内力循缠而运化的；"蟾月图"中的诸多化势，均可以显化阴阳而通于变化。

第二章 中国循经太极拳二十四式谱文注解

【谱文】托掌滚发掤臂起，横肘急切降肘崩。

【注解】野马分鬃的武技用法。以右抱球为例，左托掌的手势由右肋下向前做弧形轨迹击之，左臂的上臂前臂合化为"掤""滚"之力发出。

左右手的上臂前臂合成的"横肘""降肘"动作，其中隐藏着肘法的运用。

【谱文】正应腋下金挑掌，上掌下揭力正洪。

【注解】抱球的托掌以掤滚之力向敌方腋下托去，使之倾倒，名为金托掌。同时，抱球的按掌以下揭之力出之。可化採挒的手随下揭之力牵捌。也可以採敌方手臂、衣袖、掌打，以下揭力发。还可以用切腕法向后击。这是与敌对阵走中宫之法。若走边锋还可以有诸多变化，倘若前托掌落空，后揭掌立即随进身进步用横排山掌击。使敌有不可抗拒之势，立倾。托掌是用虎口前去，故为金托掌。按球之手是由上而下之势，故力发洪大之威。

【谱文】直冲中宫夺其局，侧踏边锋胯外行。

【注解】可参见操演谱文内容。因各宗派的武学皆是相通的，有其博大深邃的内涵，雷同重复的内容，免去赘叙之嫌，可参阅少林金刚伏虎势的金刚琢武法。

此句概言，武学在双方交锋对阵之时，共分为"直冲中宫"与"侧踏边锋"两种阵局。前者是向对方的两腿之间进步，是通过闯夺的势力，威逼对方跌之，是夺其局的方法。后者是避免直接的冲撞，而采取在对方的身侧，或左或右，是回避对方威猛过之的方法，是"敌锋不可犯"的巧取。

107

野马分鬃之法是怎样练就怎样用，即"练时情中有，用时形内含"。以左进步·龙形托掌为例，无论是对方以左右任何一手袭来，我均以右手取之以下捋之势，左手向前托之为用。

【谱文】上手进足同一侧，肩腋两侧取背胸。

【注解】继上势，进左步，左手向前掤而出之，是取对方的肩腋下部位。这是我以右手进取对方右手为例，左手前而掤之。

倘若我以右手取对方左手为例，当在取对方左腋下使用野马分鬃时，应提防对方向自己身后袭来，为了不让对方偷袭，则以我左手袭对方正胸处，取打胸牵制其出袭的机会。

【谱文】撒放二诀乘机使，左右连环不可遗。

【注解】武学的学识是与其他学识一样，单纯地熟练一两手招数是不行的，因为双方在武技的较量过程中，是瞬息万变的。撒放二诀是配合野马分鬃，包含诸类变化，仅是左右其中一侧，还是不够的。而要左右两手相密切地配合才有向对方出袭的机会。甚至于手脚同时出袭，全身灵动，以至于保持清醒的头脑，敏锐的辨别力，炉火纯青的功夫，这一切相互都是关联的。

【谱文】白鹤亮翅挑打胸，下切上展酒旗红。

【注解】"白鹤亮翅挑打胸"之句概言上下分开的扶琴手，下切之手是切对方膝乃至断腿的伤残法。详说是切掌切于腹的丹田处，为"切掌震丹炉"一势，专习打散对方丹田元气之聚，使之永久失去练武的基础。后再切以大腿"伏兔穴"击之，使对方被击腿失去支撑力及武功。后再下切掌，伤其膝部位，是传统断膝之利。上展的切掌打击的位置则是胸肋处，再上为项为腭，转掌复切取之以颊。

【谱文】搂膝拗步三才势，封膝闭胯过听宫。

【注解】搂膝拗步的武技应用，以传统的分域，将人分作天地人三才范属。武学中又泛化为上中下三盘，即天盘为头肩胸部位，中盘以腰背胯部位，下盘以腿膝足为部位。三才包括上中下周身全部位。也就是说搂膝拗步可以袭击敌方的周身。其特点则是封膝、闭胯。听宫泛指头部，这三个部位主宰着人的主要部位涉及周身要宫。简而言之，武学中大凡宗风均需考虑到三才相统。传统学识中搂膝拗步又被称之为"云封三才掌"。

【谱文】进步后追龙雷掌，云封直透响朱陵。

【注解】继上势，续说搂膝拗步威力，随搂膝之手避过敌势遂而出手，以"五丁开山掌"前击。"龙雷单封掌"是说出手以迅雷不及掩耳之势封住敌势。"龙雷"喻其迅其威。"云封"喻内家的"透掌"。"朱陵"按"修真图"所示，其范畴归于心宫，"朱陵火府"是专用名词，指心脏。即以出掌击敌的胸间，后背后心穴处。

【谱文】手挥琵琶穿化精，擒拿封闭断肘肱。

【注解】手挥琵琶的手势是以"穿掌"形成动作的。其中包含武学内家内脉擒拿降敌的手法，具体所言应看功夫深浅，若是熟习经脉者可以取"封闭"敌的血脉法以降敌，外功精习者则可以取传统杀法"断肘折肘"法。

【谱文】倒转肱法坠身退，穿掌罩面挫敌锋。

【注解】此言"倒转肱"法是由坠身退走的动作完成的。倘若我被敌方以拿法拑住其腕，可以用"倒转肱"之法解脱。"穿掌罩面"可以说明降敌之法，左右手形成一前一后、一攻一守相互错落的手法招势。

【谱文】揽雀尾分左右脉，掤捋挤按顺转行。

【注解】"揽雀尾"的操演有左右两侧的锻炼，故以"分左右脉"。"揽雀尾"动作运行中，包括了太极专修的四项内容，即掤、捋、挤、按四种行功。传统宗风又将其谕之为"混元四手"。这四手中蕴化出了太极风格的形成。四手的操演顺序是一定的，但每势中各臻玄妙。学者必须精熟而后，可悟真诠。过去武宗以此四手而封住自我门户，以此见精而观敌变，功夫高超者仅以这混元四手立范超尘。

【谱文】龙腾虎坐纵其势，二脉交宫虎换龙。

【注解】"揽雀尾"动作中主要展示掤、捋、挤、按四种运化。而龙腾虎踞的身姿更换，主宰着拳艺的总精神。无论是身姿的龙换虎，还是虎换龙都关系着武学、行经、气血的阴阳变化，因此，龙虎之姿起着"纵其势"的内在因素。武学中的进退、反复、攻守等都依赖着"龙"与"虎"身姿的相互转换。"龙虎"身姿所关联的腿法，身姿神韵的体现，决定了太极拳的风格。也可以说，龙虎变幻的动作是太极拳和其他武学的根本。

【谱文】捋挤二法趁机使，掤按应机审虚灵。

【注解】"捋挤"的使用方法，是"趁机"才可以使用的。"捋"是沿顺对方来势产生的行功。而"挤"则是经过"捋"方可更准确地反击。这"捋挤"两种行功是紧紧扣连在一起的动作。故谱文言"捋挤二法趁机使"。

"掤按"的使用方法是审视对捋方的虚实复可以使用的行功。无论是"掤"还是"按"，都要随机会审变虚实的灵活性，才可以取胜。

【谱文】钩手吊腕三阳力，单鞭一掌泰山惊。

【注解】此单鞭之势，勾手在武学中尚司五行变化之势。宗风言："钩手属火而善变。"分析各自清楚，钩手复用三阳之力，以显其威，变化无常因敌而变。"吊腕"即是"腕打"，循经三阳气化，威猛如拳而藏变幻之手。因循经气化，左右循缠，故"钩手"与"单鞭"出之掌击，双手皆利。虽为掌法，但气纳阳罡，所以单鞭一掌击之无上威猛，是故内家风采。今多以健身养生养气之用，武学之威多不传承。今书其妙，怕是久而失传，然武学多不显矣。一是今人怕苦，故学人甚少，二则内功难精于此，宗风少传。故谱文"钩手吊腕三阳力，单鞭一掌泰山惊。"

【谱文】云手变化隐玄通，三进三合臂上攻。

【注解】武学言"进在云手"。其中变化多端，随功行日

111

久，其技渐精。尚有宗传，其杀法各臻上下，各有见地。就宗风而言，三进三合，含有夺臂挫骨和折肱破臂之术，此法非宗传，不得其真。每日行拳多是行气练形。

【谱文】勾云拿月云盘手，上下旋缠金肘横。

【注解】"云手"中有"勾云拿月"法，是擒拿法中的手法。一是"拿腕"，一是"拿肘"，两者交综，形成擒拿之势。关亨九先生于《武当修真密笈》中提到武学应秉宗传，他说到"一指连三穴，一招贯七变"。即是说武学中仅言拿法也是这样，任何一门学识都要精通。十二代师真阁老先生也曾言过"武当苍鹰卷翅能连封少林十二拳"，可见武学至精。"云手"之用，当是"上下旋缠"是其宗传，参同"金肘胸横"交综并用。

【谱文】七星挂壁金蛟剪，左右用法一般同。

【注解】"七星挂"与"金蛟剪"是云手中的杀法，属于武当擒拿大法中"断肘折肘"的武学。左右交综，是说左右的杀法同等威力，是云手中相互交综产生的杀伤力，更是"武当杀法"中第一次第"切断四肢"的范畴。传统宗传，武当降敌杀法分为三种次第：第一断其四肢，第二打伤五脏，第三神形俱灭。伤之深浅视其人惩其恶。并非时人失之法度，误伤至残。学者应详审分辨。

【谱文】再合单鞭连手使，神武铜雷震当胸。

【注解】此叙说单鞭一势武学的威猛。单鞭掌的出击，甚是威猛，并非巧劲，乃是"伤其内脏"之法。"神武铜

第二章　中国循经太极拳二十四式谱文注解

雷"一语交待出内涵。宗风所传，太极拳的操演并非只是盘架子，仍然有某些专项专传的功夫，特殊演练。太极拳虽为内炼，武学中的诸种功夫，也自然于"走趟子"的操练之外而专修，否则不能降敌。不能降敌的学识，自然也不能称其为武学武术了。

【谱文】高探马上拦手刺，右蹬脚起玉柱倾。

【注解】"高探马"于传统宗风中喻之为"金锋刺喉"，是武当宗风中"金锋掌"所属的"穿掌"。简而言之，于穿掌出击的同时，要以另一手掩护，"拦手"即说清楚了用法。"高探马上拦手刺"已经交待清楚用招。

"右蹬脚"的用法是说得到机会则以"蹬脚"出击。"玉柱倾"是喻之威猛。

【谱文】双风贯耳高天下，金锤斗钻震听宫。

【注解】"双风贯耳"是由"金顶奎牛"与"钟鼓齐鸣"两势组成的。顾名思义则可领会，以拳打听宫。其手势以风贯穿耳道，震碎耳膜，继而达到伤脑的次第。听宫与脑受震使之伤，这是此势的武学之用。历史上也有范例，相传在大隋唐演义故事中，罗成与单雄信二人比武，单义士将罗成举在空中，罗以双风贯耳下击，单放下罗成，二人合好。但这是故事，说明双风贯耳可以灵活使用，不能拘之。故谱文言"双风贯耳高天下，金锤斗钻震听宫。"

【谱文】转身蹬脚腹上占，单鞭下势伏虎龙。

【注解】"转身蹬脚"是降敌蹬踏腹部，交待了蹬脚的

113

高度，超过胃口部位则不是"腹上占"了。但盘架子过程中，可以略高一些，使用时可以宣发真力。就武学而言，蹬之步位乃属小腹，踏蹬腹部，产生杀伤力，多属于"伤之丹田、震散元气"，并非以脚蹬出个跟头来。

"单鞭下势伏虎龙"是说单鞭下势可以灵活运用，始有降龙伏虎手段。其中横刀赴会、紫燕抄萍都各有使用的招数。学者习熟自然清楚。

【谱文】横肘切掌削金铁，挺身独立金鸡鸣。

【注解】"横肘切掌削金铁"句，概言横刀赴会之用。"切掌"有削打降敌之威。"挺身独立金鸡鸣"句，概言转化为金鸡独立势另有宣教。

【谱文】提膝上打致命处，下伤二足难留情。

【注解】此句谱文以直解的形式，叙说其用法及"降近敌"而产生的效果。此句概言"提膝"的武技作用，然后落足时，又以震踏的"截脚"伤残对方双足。文句的感情文风透露着直朴的豪爽精神，文字有限，仅以举之范例，灵活运用应之。故谱文言"提膝上打致命处，下伤二足难留情。"

【谱文】玉女穿梭隅方变，斜行御敌四角封。

【注解】"玉女穿梭"势是太极拳中以活步斜隅御敌，防范与出击同奏之法。抱球之手以旋球的方法御敌，托球之手上扬，以肘及前臂外降敌来势。以扶球手前攻，以掌及内家掌法击敌。复转身换步，再以旋球之势御敌。

前"金鸡独立"势属于近战之法，而玉女穿梭恰是活步封敌斜身应战之法。"玉女穿梭"若以阴阳荷叶肘相参则可近敌。以金风抖肘或丹风寻巢反击前攻,灵活之习,学人可参考全编统而宣习。

【谱文】 海底针要躬身就,金锋掌刺金丹庭。
【注解】 "海底针"是躬身伏首,闪过敌锋,而以穿掌刺敌的招势。"穿掌"即以指法戳击而形成降敌的杀法。海底针是以穿掌来戳击降敌的小腹丹田穴。"金丹庭"泛指修真丹家的丹源小腹,即产丹的部位。"金锋掌刺金丹庭"即为损破丹源,使元气破败。

【谱文】 闪通背起托天手,斜身横架闯龙形。
【注解】 闪通背是以双手克制降敌的单臂招式,虽功夫深浅不同,各有见地。浅者是以己双臂克敌单臂,深者则可以大擒拿法,取其肘肱二部位伤之。"托天手"概指双手向上托拿的招术。"斜身横架闯龙形"句,概言以其斜身前进而降敌。以横架其臂用"杠杆"力量取其伤残。"闯龙形"指兵贵神速,以龙虎奔跃之法,快步抢身克制敌人。

【谱文】 搬拦锤打降肘势,右搬左拦龙虎迎。
【注解】 "搬拦锤"是武学中应用的典范,以右手为拳,从左至右,以肘为轴,以"反砸锤"向右方击之,此为"降肘"势,又为"搬"。左手顺势扬起,为"拦",即由左过身前复右"拦"之。概指"左拦""右搬"的动作。同时,身姿前移,以龙虎步出之。再言右手随"降肘"的"搬"势完成,在左手向右"横拦势"时右手以"拦肘"向后击之,为

"金风抖肘"势。并握拳在右侧肋间。

【谱文】 连珠三势藏变化，手执玄锤肋下生。

【注解】 搬拦二势，加上右"抖肘"后的"冲锤"，共合之为"连珠三势"，概言此三势如同连珠炮一样，使敌人没有变招反击之隙。"冲锤"即谱文"手执玄锤肘下生"之意。"手势玄锤"即喻右手拳击如似手中握拿锤械那般威力。

"连珠三势藏变化"句，概言"搬拦锤"三势中并非仅搬拦锤三招势，其中且藏有变化，"因敌变幻示神奇"，并非拘于此三势。即说太极拳操修为武学，要融会贯通，应随敌变。

【谱文】 如封似闭顾盼定，全凭两手护正中。

【注解】 "如封似闭"是通过"洗腕"，转入"双掤""扑按""云撞"诸势达到封住自己的门户。按传统宗风，太极拳传有"十三式"，乃"掤捋挤按採挒肘靠，进退顾盼定"诸法。"如封似闭"隐藏着十三式的变化，复而"定"归于静。

"如封似闭"在体现运转的变化过程中，依赖两手来达到圆满境界。即是说"如封似闭"此势，全凭着两手的转旋而运化。"护正中"则是武学防范的关键。

【谱文】 十字手法变不尽，开合顾盼运神明。

【注解】 "十字手"是太极拳所有手法运化的源头。就是说，太极拳中一切招势手法都是可以由"十字手"变化而来，故谱文说"十字手法变不尽"。"开合顾盼运神明"是句概言，太极拳经典有言"神为主帅"，是说太极拳的操练，是以练神为贵。即是说太极拳无论是全套演习，还是单一习练，都贵在"以神相会""以神催动气血行"。贵在内炼，不同于其他拳种，则有"神明"见信，"神明动，意气生"，"意气君来骨肉臣"。诸句一直指导着太极拳的演练宗风。习拳要做到"开合有度，顾盼有情"。武学中更是着重"神"的重要性。

【谱文】两掌外落合太极，二十四势操练成。

【注解】继"十字手"而转化"合太极"收势，是说二十四势全过程至此已经操练完毕。

【谱文】前取诸法参古意，今演简化寄有形。

【注解】此句是说笔者著《循经太极拳二十四式》，是以古贤楷模为真，取之"有象"。今以简化二十四式做为依托，将其赋予具有循经内练神髓的更有形骸的生命。二十四式是在1956年从杨式改编而来的，1957年在社会上开始推广。北京亚运会开幕式上1500人的太极拳表演，是简化二十四式。《中国循经太极拳二十四式》则是前遵古贤，不违悖古意，而以简化寄有形真。赋之以"运气"的内涵，遵"以心行气，务令顺遂"的原则，使广大众多太极拳学人有一个新的认识。

【谱文】此谱应作蒙教化，育彻初学权武情。

【注解】《中国循经太极拳二十四式》武学概谱，应该作为太极拳启蒙教化的教育内容，真正地让初学之人有个权衡武学的真切感情。武学概谱内容，揭开了宗风脉传的传统武学学识领域。学人可以反复阅读谱文，领略其中的神思及脉传。

【谱文】遇敌上前迫近打，仔细钻研待艺精。

【注解】说实际的，真正的武学不是"花拳绣腿"，而是武学中降敌制胜的法宝。"遇敌上前迫近打"是说，临阵不畏惧，近前使敌不得退转，才可显出拳艺。要真的"遇敌上前"能以"迫近打"的交手，不是一句空话，尚需要有真实的临阵功夫，尚且需要仔细钻研武艺，拳艺要精。故谱文言"仔细钻研待艺精。"

【谱文】习武尚需真传授，势势法法要记清。

【注解】进一步阐述武学需有真正的传授，而"授者曰师授者盟"的承习过程，势势法法的每一处精微处都要仔细学范，并非泛化于俗的那种脱离实际的空浮假说。也是说"好看的不中用"，尽量避免那些"花哨"的东西。学内容先入为主，看惯了不中用的东西，再看真正的内容也需要一个"转弯"的过程。希望一些为人师表的学者，认真施教，育化有用的人才。

【谱文】文武之理浑为一，分厘不错细审听。

【注解】这里说学人学习某种学识都要认真审视，大凡宗风的脉传，文言武举是统一的内容，看其是否有宗风的脉传依据，否则不是传统武学。"发展体育运动，增强人民体质"这是体育运动进入社会的普化教育。这种运动与传统宗风留传下来的"武林风范"是两种不同的生命。作为武学要守宗风，要一丝一毫地、分厘不错地审视是否传统，学传统在武学上并没有取其精华、去其糟粕的过程，先要继承，全盘继承，然后才有发言权。

【谱文】展卷操拳会古意，莫让岁月等闲更。

【注解】展卷是看谱文，操拳是真练拳，两者都要努力，当以古人古意为师，这样下去才不虚度年华。

学习并不是给人看的、卖弄东西，而是需要"展卷操拳会古意"的勤奋过程。

第四节　中国循经太极拳二十四式全体大用篇谱文注解

【谱文】太极拳法意相连，招招式式细经研。

【注解】太极拳全体大用的锻炼方法始终体现出"以意为主"的特点。"先在心，后在身"，所有动作的连贯、手脚身姿的转换、由始至终的操修演练，都要结合"用意"来完成动作。《拳经》有"意气君来骨肉臣"之句，是说完整的太极拳锻炼，是由神意推动气血，以气血作为"君主"的命令来指挥作为"骨肉"的群臣，举手投足之中完成太极拳所有的动作。

《拳经》有言："精神能提得起，意气须换得灵。"太极拳操修演练的一招一式，需要仔细认真地品味和体验"以心行气""务令顺遂",除强调以心行气以外,整体动作要"上下相随"。"懂劲后,愈炼愈精,默识揣摩,渐至从心所欲""势势存心拨用意,得来不觉费功夫","以心行气,务令沉着,乃能收敛入骨;以气运身,务令顺遂,乃能便利从心",概言学好太极拳,招招式式均需要仔细体验其内涵。用传统的太极拳拳论、拳经、谱文来对照学习。仔细揣摩,认真体会,勤学苦练。"当知此道要恭行""招招式式费经研",要学好太极拳不是一件容易的事。

太极拳的操演主要是在意识作用下产生的,拳经中"心为令、气为旗","以心行气,务令顺遂",都说明了这方面的内容。所以太极拳全体大用篇的首句即提出"太极拳法意相连",以领全文。太极拳是一项综合性比较强的运动,既是体育锻炼,又是培养气质、强健身心的运动。太极拳的操演不仅包括行拳过程中要意识到的一切,如行拳走架中身姿手足的协调性,武学方面的专题概念,每一动作的气脉循缠等,乃至包含了通过习拳来提高自我儒雅的风范、改变人的气质等传统文化的方方面面。这些内容反应出太极拳的精微之处,每个动作筋骨血脉的活动处,甚至包括眼神的一丝变化都能调节人的身心,客观上看(长期的潜移默化中),通过对传统脉传的继承和弘扬民族精神,可以重新塑造人的精神面貌,使人的生命光耀璀璨。

【谱文】 守定中宫无极势,无形无象养真元。

【注解】行拳之初,按传统武学原则,先审视自我所站居的地势。前后、左右、左前、右前、右后、左后八个方向之中为自我守定之势,古称之为"中宫"。此中宫的位置,可以向八个方向自由进退，变换自我的方位。当守定这不前不后、不左不右的"中宫"地势之后，开始审视自我是否在练拳之前处于"无极"的状态，即身心、心理、生理、姿态、精神、呼吸、气脉、眼神、丹田等方面是否在"无极"状态下等待"太极起手势"的出现。能做到这一点，则是古人说的"无形""无象"状态下之"无极"。经常处在这种状态之下时，自我的身心健康、精神面貌，乃至于自我身中的"真元"都将得到培养育化。

【谱文】太虚太极呈有象，阴阳动静操做拳。

【注解】古人把没有任何举动的无意识下的状态，以及产生意识的操拳后种种的姿态，统一看成有"象"的世界，将这种对立统一的世界演化操持为武学。这种阴阳动静演化出的多姿多态的武学，其完整的运化操持构成拳术，包含了阴阳动静及对立又统一的繁杂意态，而称之为太极拳。

【谱文】古传拳经十三式，今作简化续前源。

【注解】继上谱文注句，古人曾经把这伟大的有象世界及包含着极丰富对立统一的操持，分列归纳出"掤捋挤按採挒肘靠进退顾盼定"，这十三个有典范有规律的动势拳形作为母势，在操持拳艺过程中生化出系列子势而构成太极拳。古人又把这丰富多彩的太极拳运动称作十三式。由于时代的变更造成知识断层现象，如今传统的太极武学只好把这数百年形成的传统生命简化，使传统生命得到续化，延其脉传，振兴民族精神。太极拳之简化循经就是其典型。

121

【谱文】 开拳阴阳起太极，三阳上崩双仪环。

【注解】 从太极拳开拳行气，走架练武的起势开始，就伴随着内之心意、外之姿容而产生阴阳世界。按阴阳之理，有阴阳动静、虚实、升降、刚柔等规律。"开拳起手势"是在阳气升腾状态下产生动作的。从"一阳初动"到"三阳并起"，从"阳刚化力"始至"阳刚外越"的"上崩"，上下相关，手足并发，导致腿法"太极双仪环"的演化。"太极双仪环"是太极门宗诸种腿法演化的根本，不能简为踢弹扫挂等法。持之以恒，由浅入深，习者会自然进入宗风妙境。要因时而悟，学其脉传，弘之宗风。

【谱文】 太极吊球蕴玄机，双切腕法镇中原。

【注解】 "太极起手势"最初的动作就转入了武技演化阶段。气机的升降形成了太极吊球与双切腕法，一升一降形成了太极武学的开篇。此句明确指出其用法。双切腕法是封住自我中宫的要诀。"中宫"按黄帝的"九州分野"，中宫又属于中原。"蕴玄机"与"镇中原"是阴阳互为转化之势，先有"蕴玄机"的过程，自然转入"镇中原"之关键。

【谱文】 太极荡球掌前顾，十指採挒左右悬。

【注解】 "太极荡球"是指太极吊球之势，可随"腰为主宰"的转动而产生左右"荡球"的动作。在"荡球"的左右动荡之际，依然要注视敌方之变，所以谱文有"太极荡球掌前顾"之句，明示太极吊球左右动荡时所注视关键处。谱文"十指採挒左右悬"，概言太极双吊球随腰势转动而产生荡变时，骤逢敌变，可以用採挒等法应之。此句主要说明

"採在十指，挒在两肱"之要，任敌之变，我可用左右变通之机顾盼敌势。

【谱文】 野马分鬃抱球起，球掩横肘肘齐肩。

【注解】 野马分鬃之势是以"抱球"来体现聚散有形的变化。"抱球"的姿势是聚敛元气、以循经为主宰的运动。"抱球"又是武学合于"易"理、"欲放先收"原则的体现。身姿抱球的这一侧，球的上方由横肘之势构成，而横肘的尺度是以肘齐于肩为标准。这一方面体现拳家的"六合之势"，同时也是顺应人体内脉循经的。如横肘扶按的上手，掌心向下。虎口与在下托掌、掌心向上的虎口形成"子午交综"之势。而上按的手大拇指与肩窝处的"云门""中府"穴遥遥相对，这是构成"交通肺脉"的重要环节。上下两手大拇指至肩的内侧线是一屈一伸的循经姿势。

【谱文】 凤足点在虎足侧，托球掌藏腋下缘。

【注解】 继前野马分鬃势，言其腿法之习，抱球这一侧的脚平落于地，另一侧足尖点地，落于平落足的足内侧。平落之脚谓之"虎足"，足尖点地谓之"凤点头"。武技用法，即将"凤点头"之足向敌方下盘踢之，或裆部、或小腹、或膝或胫骨等处。"凤点头"又名"搜裆腿"。此句是指野马分鬃抱球势中托球的手势，此托球掌要在按球掌的手臂腋下处，这样应敌武技的击法会产生强大的力量。托掌在按掌下的肋侧处，会更好地使经脉气机达到因穴道重叠而导致侧重循经作用。形成武技与内在循经的双重作用，才符合武当武学原则，"内以强身，外以祛恶""半经武法半延年"。

【谱文】 凤换虎足展龙姿，托掌前掤齐胸间。

【注解】继前势野马分鬃的凤点头，向前进步，由足尖换为平踏弓步势，这个过程传统武学谓之"凤换虎足"，"展龙姿"是喻其向前的身姿。因身姿前跃之势，谓之"龙行"，进势步子大，身形快，谓之"龙腾"。抱球的托掌向前掤起，对应敌方胸腋上下的高度击之。

【谱文】 扶球手化揭掌下，左右三循龙在前。

【注解】继前势，"扶球手化揭掌下"之句概言，抱球的按掌，即扶球手，因身姿前进而手由上向下以"揭掌"的按击力为之，这样就构成了野马分鬃之势。拳架中如此一左一右形成三次循环，即三次野马分鬃运动，最后的姿势还是"龙形"势。谱文"左右三循龙在前"即是此说。

"野马分鬃"是虎坐抱球为聚，形成"虎踞"雄视目前，然后进身进步，以龙形姿态出之。托掌掤手前击，构成太极武学中"左右一面站，单臂克双功"的效应。也是拳经中"摊开即成功"之说的实际操作。

【谱文】 白鹤亮翅右虎坐，两手抱印脉合全。

【注解】白鹤亮翅是取右虎踞势，左右两手取狼行潜步印盒掌的手势。身姿以虎踞雄视前方，蹲坐右腿，而左腿平伸展足，取其势。两手一下一下以换琴手将印盒掌的手势化开，变为"亮翅"的手势，即"上下翻飞切掌挑"之势。印盒掌的手势，是采取一上一下的托盖势，合为混元球的姿势，上下两掌虚合，如托球扶球状。两手掌相对，掌如执球。以心神相会感通太阴、少阴、厥阴三脉的交会。复知

"亮翅"之势，实为循经之利。

【谱文】上下翻飞切掌挑，少阴心经气脉圆。

【注解】继前势，顺之两手以扶琴手上下捋开，以挑手出之，复以切掌化去。这其中运化，自然是领略少阴心经的气脉运行。两掌一下一下向左右挑切之势，是"势势存心用意"体察从小指开始循缠，宣合气血的灵动。学人至此切需认真感受心经脉象，每当少阴心经循缠有律的周经运化，都有一种实际滋味。

【谱文】搂膝拗步虎坐宣，扶封掌持金肘悬。

【注解】"搂膝拗步"是取"虎踞"坐势，故又名"虎坐"，此言"坐席"之姿，两腿主身姿。"搂膝拗步"的前手欲搂之姿，正是以"扶封掌"之"封金肘"的"横肘势"。"封金肘持横肘悬"，又名"金肘宣胸前"。

【谱文】下行搂膝掌后移，上过听宫指前穿。

【注解】继前势动作，封金肘的横肘向下行之，转化成"搂膝"而后呈"抚按"掌势，五指向前，掌心向下，虎口对向"胯"侧。

另一手以穿掌出于头侧、耳轮听宫之处，以穿掌五指向前、虎口向上，前穿击之。

【谱文】穿掌化按金钟响，转身横肘又同前。

【注解】继前势动作，前行以"穿掌"击之，随之"内练""循经"之变，"穿掌"化为"按掌"，即"撞掌"，伤在胸位，为伤于"肺藏"，"肺属金"乃名之"金钟响"之意。

"撞掌"之势转化为"金肘横胸"之势。这样反复动作，左右循环，形成重复乃有循经。

【谱文】丁甲云封三才俱，左右搂膝虎龙蟠。

【注解】"搂膝拗步"是防范和进攻统一的动作，按上中下三个层次来展示的。传统宗风分为天地人三个层次，又喻之为"三才"。"搂膝拗步"的动作是通过一左一右的互换而形成的操修。动作有它的独特性，以独特的身姿前进，左顾右盼，形成了"龙虎之姿"。"龙虎交宫"，即为"龙虎"两种姿势的互换。

【谱文】右进半步出半步，手挥琵琶动金弦。

【注解】"手挥琵琶"的动作姿势，易被较多的人忽视。"右进半步出半步"是继前动作"搂膝拗步"定势后转化而来的动姿造型。为什么"进半步"而又"出半步"呢？应该说这便于内炼与循经。

"手挥琵琶动金弦"是概言，此势是启动人身内脉、达到内炼、继而循经的动作。"金弦"指人体肺脉，"属金"为五脏华盖，能有"调和百脉"的功能。因此，肺脉通于大指"少商"穴，武学丹道内练的专业语为"玄英"穴。

【谱文】断肘折肱擒拿闭，金锋掌法上下连。

【注解】继前势，依然是"手挥琵琶"。"断肘折肱"是属于武当武学丹家内脉的擒拿封闭之法。简而言之，是说

"手挥琵琶"势，内藏降敌要法。而这降敌之法是由"金锋掌法"的"穿、挫"掌法上下连贯而生成的效果。

【谱文】坠坐虎步身退还，倒卷肱法后做前。

【注解】此势是指"倒卷肱"动作。"坠坐虎步身退还"直言以身姿坠坐而形成虎步踞蹲势，身姿后退，逆行倒走，故言"退还"。"倒卷肱法后做前"句概指"倒插步"后行的动作，是接二连三的动作。

【谱文】手足同展担山势，退行四步乘连环。

【注解】继前势，"倒转肱"姿势是由手足同时展示着"二郎担山"势。继续连退四步而出现"连环"的动作。"二郎担山"顾名思义，是指前后两手臂如同担物的扁担，前后抬起如一条线状。

【谱文】虎势右峙非等闲，右横金肘抱球圆。

【注解】此句是叙说右呈"虎踞"右峙之势，右手横肘为"揽雀尾"抱球（上抱）之势。（左手抱球在下，掌心向上）。"虎势""右峙"足以言"虎踞"的雄峙，无论是内修内操自用，还是武学的尚武神勇，是以此姿势来"生发周身之元气"为用；"右抱球"的"右横""金肘"，武学可以"阴阳肘"出击为用，内操以右大指对右"云门"穴相感，可谓"金气相循"。

【谱文】左腾虎步擒龙姿，左掌前掤正当先。

【注解】继前势，左足为"虎踞""虎腾"前足，身姿前行，乃由"虎步"更换"龙姿"。同时，左掌在身右侧向前"掤"去之势。此句概言"揽雀尾"右"抱球"姿势。

【谱文】搭手将开龙换虎，回身挤手龙在前。

【注解】继前势叙说动作。"搭手"在"盘架子"的套路中是假设的，但这个动作在"盘架子"的套路中也是不可缺少的。"搭手将开龙换虎"是说"前势"掤之而后，右手作搭手状，同左手回坐腕，顺遂身右侧"将"开。这个动势的身姿改换，是由前势动作"掤"而呈"龙"姿，继而由"龙"姿转化为"虎"势的动作。复而回身"挤"去则是再由"虎"势更换为"龙"姿。

【谱文】撒手后坐换虎形，龙行虎按神气全。

【注解】"撒手后坐换虎形"之句是说"挤"后的动作"按"的姿势，是由"后虎坐"的"虎踞"势开始。"揽雀尾"全势的掤将挤按等动作是由"龙行虎踞"之势开始转换的，着重神气的体现，才是完美动作。

【谱文】揽雀尾势左右展，左峙虎势球左悬。

【注解】此是说"揽雀尾"的动作要左右展示。继前势换为"左抱球""左坐虎"姿势的"揽雀尾"。

【谱文】掤将挤按四法备，右掤左将虎左还。

【注解】继前势续说，由"抱球"而产生掤将挤按四法，"左抱球"的"揽雀尾"动作，是"右掤左将"，"虎踞"于左为主势的身姿。

【谱文】翻掌腕打并钩手，三阳力至滚单鞭。

【注解】此概言"翻掌钩手"及"三阳化力"的"滚手"单鞭。"钩手"藏变化之手，藏腕打之势，而且有"神勇"之威。

【谱文】左掌直撞金锋脉，手足同威顾三前。

【注解】续前动作，直言左掌，直撞敌之"金风太阴肺脉"，遂手足共用随之有同等威力。要同时照顾到手前、脚前、眼前。传统武学喻为"顾住三前盼七星"，"七星"为降敌过程中要盯住敌人"肩、肘、腕、胯、膝、头、足"这七个进攻的部位。

【谱文】云手三环行三步，横虎横龙左右旋。

【注解】此句概言云手是通常以三次循环，行进三步之势的动作来完成行功。其主要特点是"横行""龙虎"之姿的动势。

【谱文】双掌云挥摇身脊，勾云拿月金蛟剪。

【注解】再言"云手"特点，双掌相互，由内向外翻转手势。其动作于行功中会出现"摇身晃脊"的动态，一是可以随身形移动而利于"内循"之操，一是可以在动态中展现"避敌"躲闪之势。"勾云拿月""金蛟剪"都是擒拿封闭降敌制胜之法宝。

【谱文】单鞭再接高探马，穿掌罩面气要圆。

【注解】此句"单鞭"而后"高探马"克降敌人的功用，

129

指出"穿掌"罩面要有气势，不可胆怯。

【谱文】前穿左掌拦手刺，回收右掌护丹田。

【注解】复言"高探马"动作，是用一手作"穿掌克敌"，用另一手在"穿掌"之未穿前，拦封敌之来势，欲拦而欲穿之势。动作有先后，但要有"意连"，衔接要贴切。要回拦手以护自己丹田。

【谱文】两掌开合双锋斩，手脚齐进达身前。

【注解】此节概言"进步蹬脚"动作，先是两手向外开，复而再合，再随脚蹬出之势。手即以"双锋斩"之势，同时"蹬出之脚"到达身前。此叙说手足并用之势，手足同时奏效的身姿神勇。

【谱文】凤点头佩提龙腿，进步蹬脚玉柱掀。

【注解】此续说"蹬脚"的先后，先从"凤点头""提龙腿"开始，然后再进步"蹬脚"。

【谱文】双风贯耳自古传，提龙腿上架双拳。

【注解】此句概言"双风贯耳"之势自古流传，是传统武学的典范势子。其动作是以在"提龙腿"的"提膝"动作上，复而进步，架挥双拳的武势。

【谱文】金顶奎牛通督脉，三阳崩发力最全。

【注解】继续概说"双风贯耳"，由"提膝"动作而后，落步而前踏为弓步。后腿直蹬，"双拳"在身两侧做欲挥状和挥拳上击状。这个动作姿势大凡是由于身中"三阳"之力的显化而来的。

【谱文】转身蹬脚腹上占，两掌同展护摆莲。

【注解】此句叙说"转身蹬脚"动作是以脚踏敌的腹部"降敌"。在"脚踏"欲出之际，要以两手遮护"摆莲"，"摆莲"即是传统喻之的出"脚"之势。

【谱文】单鞭下势削金铁，虎狻移身封肘肩。

【注解】此言"下势"是由"单鞭""削金截铁"的"切掌"转化而来。进步随之下势，是传统"虎狻移身""封肘齐肩"的降敌动作。紧接"紫燕抄萍"势，"切掌"下行，继而起纵身形。

【谱文】提膝上打致命处，半阴半阳掌单是。

【注解】接前动作，纵身而起，提起后腿，以"提腿"之膝，发挥"膝打"的威力。伴随着"提膝"动作，"半阴半阳"的掌势，即"穿掌""托掌"出之。

【谱文】古称金鸡独立势，左右双打上下翻。

【注解】续说前势动作，这是传统"下势"而后，纵起身形，提膝克敌之法，喻之"金鸡独立"势。其动作特点是左右相互成立的单独打法。

【谱文】左右穿梭抱球合，横肘上扬掌托天。

【注解】此言"穿梭"之法。左右"玉女穿梭"的动作由"抱球"形式转化而来。"抱球"在下的"托掌",横肘上扬,发之滚肘,护己头部,掌由托掌的"托球"状。继转化为掌势上扬,掌心外翻,呈"托天"掌势。

【谱文】内旋球法左右位,下掩龙雷撞掌参。
【注解】此续说"玉女穿梭"左右出之"抱球",球向前转,遂手出之以克敌。上"抚封掌"遂而下移,向前撞击之,发"龙雷"之势以"降敌"。

【谱文】斜走四宫封四隅,掤滚上架铁甲环。
【注解】续说"玉女穿梭"势。是以"四隅"斜行的"局势"来克制敌人的。属于斜行进攻之法,以"掤滚"上架,隐藏"撞掌"的巧妙方法。

【谱文】只因此法轻灵便,唤做穿梭玉女传。
【注解】续说前势动作,此法使用轻灵方便。顾名思义,喻之此招法犹如玉女"穿梭"的轻灵方便。

【谱文】海底针要躬身就,下用穿掌惊丹源。
【注解】此节叙说"海底针"用法,以传统而言,此势是以"穿掌"下执,惊伤降敌小腹丹田的动作。以古而言,探"海底穴"并非是文明的武风,况且男女俱为演习。所以"海底针"是击"丹田小腹",亦名"海底针"。

【谱文】忽然上封金阙顶,右翻横肘闯金乾。
【注解】此叙说"海底针"之用。敌又以"盘花盖顶"

向我袭来，我用"忽然上封金阙顶"法防之。下刺"海底"，"穿掌"忽上翻，横肘势以防敌。以另一手"托架"敌进击之手臂。

【谱文】闪通背上托架功，身取龙姿见真诠。
【注解】继上势动作。此势为"托架功"的"扇通背"。身姿以"龙腾"之势奔跃应敌，敌必然跌之以伤。

【谱文】进步搬拦肋下使，反砸外降封肘拳。
【注解】此为"进步搬拦锤"动作要领说明。叙说其法为降敌以"肋"部，以"反砸""外降""封肘拳"等击之应敌。

【谱文】三阳气会身手足，右握金捶崩惊团。
【注解】续言身姿，手足俱是以"三阳气化"而生"先天真力"。并以右后出手之拳"金捶"崩惊之势袭敌。

【谱文】左取穿掌救右急，左右两手护正颜。
【注解】继前势动作，"搬拦锤"之"锤"击出后，复以左手取"穿掌"之势，救之"右击之拳"。然后以左右两手抽回，同时以"如封似闭"法示之。此是"搬拦锤"和"如封似闭"之间的势子。

【谱文】如闭似闭云环持，化作撞掌动金玄。
【注解】此势叙说"如封似闭"。"如封似闭"的往返动作喻为"云环"。然后以"按掌"撞出，撞于敌方的"肺金"

部位。

【谱文】右转身姿合双掌，十字手封金轮前。

【注解】此势概言"十字手"动作。接前动作右转身姿，向胸前内合双掌，以"十字手"势做"封避"招势。位于我身胸前，呈"护襟"势。

【谱文】两掌外翻复下落，身姿微立收真元。

【注解】此势言继"十字手"之后，即两掌外翻，在身两侧下落，为"收势"。将身姿微立，收回元气，将是全太极，复归于静的运化过程。

【谱文】真气循通廿四式，三昧精神气敛全。

【注解】此概言循经二十四式太极拳演练内操的总过程。是"真气循通"二十四式的过程，内操内炼，概指精神，即谱文经典"内固精神"为实质。"天上三光日月星""地之三宝水火风""人身三宝精气神"，练拳养气，葆真全气，"以气运身"。

【谱文】周经百脉无休歇，一气通真太极拳。

【注解】人身的百脉如同江河一样，周经百脉，无休无歇。这样的锻炼，正如拳经所言"如长江大河，永无休歇"，这是太极拳操修的实质。

【谱文】先师传拳经范势，后学拳经证前源。

【注解】太极拳的修为，代代相传，是说传统的内容即是前辈师真以典范势子来叙说示范，其中包括动作。留给后人的"拳经"用来证实"前源"，即太极内脉传宗的宗风有源。

【谱文】全体大用意为主，宣合百脉自通玄。

【注解】此句概言太极操修是遵循"全体大用意为主"的要领，以其为前提的武学功夫。其主要的关键或精髓则是"宣合百脉自通玄"。即通过太极拳的操修来"宣合百脉"，大则可以说是通达自然（智明达化，法于自然），掌握人生命运的主宰，"益气延年不老春"。

【谱文】有法有术名太极，阴阳动静气血宣。

【注解】这宗传统源于古老中华民族的武学操修，是真正有方法、有学术思想、名为"太极拳"的内操内炼。准确地把握着人身"阴阳动静"和"气血宣合"的内涵。

【谱文】神意相合全武道，天下英豪尽延年。

【注解】神意相合即"以神会意"来统一动作，然而动作又是直接影响周身气血行经的关系，这种运动被称为"内操内练"功夫，又被喻为"内家功夫"，是代表着民族精神、民族文化的生命。也就是说，大凡传统的学识，都是有着深刻内蕴的学识。当年太极拳的出现，是三丰祖师"欲使天下众英豪益寿延年"之慈愿，对"天下英豪"之健康长寿、永葆青春具有永恒意义。

《全体大用篇》是综合性质的记忆性谱文。学者于动作之余，应着重对"谱文"持颂阅读，了解其精神，从中学习"动作"得不到的学识,从而更完美地学习太极拳,得之"内操内炼",乃至于"宣合气血",继而产生"内脉循缠"的感受。

第三章 文卷篇

第一节 太极拳论心解

太极者，无极而生，动静之机，阴阳之母也。动之则分，静之则合，无过不及，随曲就伸。人刚我柔谓之走，我顺人背谓之粘。动急则急应，动缓则缓随，虽变化万端，而理为一贯。由着熟而渐悟懂劲，由懂劲而阶及神明。然非功力之久，不能豁然贯通焉。虚领顶劲，气沉丹田，不偏不倚，忽隐忽现。左重则左虚，右重则右杳。仰之则弥高，俯之则弥深。进之则愈长，退之则愈促。一羽不能加，蝇虫不能落。

人不知我，我独知人。英雄所向无敌，盖皆由此而及也。察四两拨千斤之句，显非力胜，观耄耋能御众之形，快何能为？立如平准，活似车轮，偏沉则随，双重则滞。每见数年纯功，不能运化者，率皆自为人制，双重之病未悟耳。欲避此病，须知阴阳。粘即是走，走即是粘，阳不离阴，阴不离阳，阴阳相济，方为懂劲。懂劲后，愈炼愈精，默识揣摩，渐至从心所欲。本是舍己从人，多误舍近求远。所谓差之毫厘，谬之千里，学者不可不详辨焉。是为论。

太极者，无极而生，动静之机，阴阳之母也。

此语概言以武演道之为，动作心机驰神于理，循之阴阳，畅合于易。言诸般作为以动静阴阳为其根，生化万物。圣人言，道生一，一生二，二生万物。其中玄机运化，出乎自然，大道立人天，万物与天地阴阳合。易序或言，与天地合其德，日月合其明，四时合其序，鬼神合其吉凶。由无而生有，动静阴阳生出诸般作为，实以易理而阐武事，以尽以武演道之律。

动之则分，静之则合，无过不及，随曲就伸。

此语言，内在气血自然有升降，有开合，有盈亏，经行子午，脉行人天，一呼一吸，脉行六寸，一昼夜，一万三千五百息，脉行八百一十丈。以武演道不可违悖自然之机枢天理，不可有过，不可不及，以内脉气血盈注为度，不可驰滞而生妄为，故以随曲就伸而舒张筋骨而利气血行。随曲就伸之语乃为丹家外功有形之操修，真乃炼形之造为，身形展动，气催形起，只可从之，不可背之，动作以求顺天呈象，故求无过或不及，以资以道阐武，赖之全形而操为。故曰动静开合，以内操内律而合则于武事。

人刚我柔谓之走，我顺人背谓之粘。

"人刚我柔"是指机化之凭局。"人刚我柔"乃见"敌锋不可犯"之经谱语。"人刚我柔谓之走"，无非引进落空之势，不与人争，与兵法"可智取者不必强攻"之语合。走则指自我游刃有余。"我顺人背谓之粘"是言自我赢得可攻之势，可乘之机，乃为我顺，敌则反之，以易理而言，利于彼者不利于我，我得主宰之局设，敌则背道而不击自失。粘之之效，则语发警示，言我顺之势可称为粘。古人以一走一粘而语武局之变化。阴阳互为其根之故。

动急则急应，动缓则缓随，虽变化万端，而理为一贯。

动与静相互为阴阳，乾阳而生急动，动缓而养阴，阴阳交织而生其变。内操以循内脉，外用应敌，因人而生变化。内有急变之气血而随之神，外有神遇示敌而资警其神，急缓之机以神相度。故经云：神为主帅。又云：动静阴阳反复迁变，虽万象之纷纭，需一理而融贯。此理者，乃不出易持人天，以武演道耳。此浅则喻敌我之经变，深则言内为。

由着熟而渐悟懂劲，由懂劲而阶及神明。

此言泛指，由动而求律，由动而知度。此由法度，内律，乃生内得。审于真知，渐而发微，渐臻悟性。乃至不至已至，不发已发，不定已定之神化境地。概指由武入道之喻示也。俗语，熟能生巧之为。由巧而生通慧之际，激厉和平，不动而动，不期而至，乃发乎神，明乎道。

然非功力之久，不能豁然贯通焉。

此接上句，言由动作而臻神明之境，尚需恒久妙化，忽一日天日慧照，顿然悟彻三昧，法开洞天，此际"一法通明百法融"。

虚领顶劲，气沉丹田，不偏不倚，忽隐忽现。

"虚领顶劲，气沉丹田"此语出于丹家，由之可涉太极拳法出自修真，属外形操修而持内功，以应阴阳，大则人天，升降有律，上可冲霄以达紫极，下可注于海底而生真晶。丹家元气审之内景，气化聚散有形，大可因之入道，小为可自操养身。气散之则润泽四肢百骸，内操脏腑，通之经络。气聚则有形，上可冲起至乾峰，下可沉落在丹底。"虚领顶劲"，乃是丹田中元气，化气为光，敛神为用，将丹中随日月阴阳而升降的气化之为，呈之有形，炼作丹砂，幻化尘俗，资养天真。丹田元气充实而化光，继之敛神，上达百会，功夫稍好者，可将丹田中之气结为玄珠，超越百会，上悬于头上一二尺高的地方。经云：阳生则寤，阴生则寐。阳生则虚领顶劲，阴生则气沉丹田。此丹家修持内敛，非俗人以字意而会神。如每日行功，以意领气，上注于头，孰不知没有丹家操修，绝达不到神会之虚灵。以意上行，气血随之，久久上注于头，脑沉眼昏，渐至面红耳赤，似酒醉而涂硃。乃至阳亢阴衰，不可运化，可怜未领略文意，妄尊自为，气血阴阳失之衡准，非但不可健身寿永，反之虞性命之关危，实未领略本意之故也。

"不偏不倚，忽隐忽现"，此语乃直指神明而后，玄珠垂悬，气机升降，阴阳不乖，始有隐现之势。此语概指气机内循而资承之神用而已矣。

左重则左虚，右重则右杳。

此尽言内操之景，左重则左虚，概指重者，或感觉气至而重，或意念重，或由意动而过，重之以力，或失势之重，均列为气化衡准之虚杳。此事武为。左右亦然。或言其势，以神意重之左右，则势之左右虚杳，势以气化而事神明。

仰之则弥高，俯之则弥深。

此概言气化循之内景，以上句参同。实以言以气运身之感，神明而至，六合人天之大，芥子黍米之微，纯系喻言。

进之则愈长，退之则愈促。

此言以气应真，以武事为，与道合真之应用。"进之则愈长"概指进之身形步法以展开而求距离，力抵敌域。"退之则愈促"泛指两军对阵，敌进我退之势，退则急且快称之促，不急则敌入，不快则敌击，进退，操之于心，亦有长促之别。

一羽不能加，蝇虫不能落。

此臻佳境，以神明期乎道，以神明会之人，审其分毫不错，轻重虚实，权衡如精微至，轻至鸿羽之微。警之其机，阴阳度其准，不可失于虫蝇之势力。

人不知我，我独知人。

此神明而后语。气化天真，由修真而为，以悟觉之慧灵而通达武事。

英雄所向无敌，盖皆由此而及也。

此句示之以武演道之为，慧灵而达神勇，是为英雄无敌。经云：大之可以入道，小用可以养生。万法万用，均依此而入，依此而至。《艺概》：艺者，道之形也。

斯技旁门甚多，虽势有区别，概不外壮欺弱，慢让快耳。有力打无力，手慢让手快，是皆先天自然之能，非关学力而有为也。此诸句，言武学旁门诸多，均是以壮欺弱，以强凌小，有力打无力，这些不是学艺业而有为，是人的先天本能而已。

察四两拨千斤之句，显非力胜。

武学中四两巧破千斤，这不是以力相实会的抗抵。

观耄耋能御众之形，快何能为？

每当见七八十岁的老人能抵打众人的围击，竟是那样痛快，是为什么呢？

立如平准，活似车轮，偏沉则随，双重则滞。

立如平准，指丹家神清气爽，清阳上举，浊阴下降，中间先天真脉从百会至会阴，阴阳两极垂范。阴阳气脉循彻如环无端。内则通达，外则灵敏，寓之神会，气机为用，功尝内家。动作以腰为轴，气为轮。偏沉则随，双重则滞。偏沉者，有如阳在先而阴随后，取顺遂之象。双重则为双阳或双阴，失去易理，止于不能变化，不能灵活，则现滞凝之象。

每见数年纯功，不能运化者，率皆自为人制，双重之病未悟耳。

尚有费熬日月，历经数载的练功人，不知阴阳运化，一经接手，被人所制（受制于人），均是双重的病，自己并不知悟。

欲避此病，须知阴阳。

避免双重的病，应从阴阳处研习。

粘即是走，走即是粘，阳不离阴，阴不离阳，阴阳相济，方为懂劲。

此句言阴阳相互的交换内涵，行功中体会阴阳的交换之机，使之阴阳互为。这种抽象的理，很难用语言传授，是实际操修之作为。

懂劲后，愈炼愈精，默识揣摩，渐至从心所欲。本是舍己从人，多误舍近求远。所谓差之毫厘，谬之千里，学者不可不详辨焉。是为论。

第二节　太极演道

自拳之问世，概由人参契，资求以武修身，健全自我，法虽各专不同，风格充沛，不外肢骸动之，气血行之，动静随之，进退盈之，意气并发，神思昭然，物我同真，悟道求玄。神意相合，五脏坚而寿永，水火同轮。心肾肝脾，中宫土位胃皆在一动一气之运化。形骸举动则内气行经，收合开放，吞吐虚实，皆在行经运化，如其说太极为拳，时人多谙有形之有为。言其锻炼身体，莫如说古人造艺为业，乃深究宗学，而创名为太极，实言，身中元气，如日月循天，随阴阳升降而期顺序，天地为纲，四时为常，人身气化，寓柔寓刚，柔则内行气血，动静系合脏腑诸经脉流，刚则武夫为道，善恶分别，天地清浊而判化。在天则日月经天，四时行而万类聚；在地则山川静而江湖流；在人则先天一气，如天之日月，循经血脉，内系脏源一气，运化筋皮骸肉之间，敛为精，行为炁，守为神。精敛而寿永修仙，精施则生人传宗血脉。神之为用，莫大乎修真之神明，交感生万类。医经又云：得神则昌，失神则亡。道家言炼神为用，可还虚证道，释家以寂灭为宗，禅定心源，明月浩然。均未出一灵独朗而照大千，在内则慧照人生过去、未来、现在，在外则感化三地法轮不息。如此，修行家赖此一团元气，人生性命之真赖于兹，故丹家修学以真元为用，而呈仁示真。武学以元气为用，而转罡乘力；医家以此一气，金石草木，全人性命；儒家以元气为用，与天地自然相合鸣；诗文书作，艺苑畅真；释家依此一气而化神为光，寂然通慧。世间诸做之为，皆此一气为用而呈真。诸般作为，俱是养性藏真，人生之莫大作为。

夫人之一团元气，循为阴阳而各涉其道，纳为一气而泛阴阳之例，即升降、沉浮、开合、聚散、虚实、天地、日月、吉凶、生死……莫离以易为衡准。太极之为学，是以动作，操演形骸，团敛真元，畅经舒气，以养身为大要。先古以杀恶人即为善念，而使武学期然。近古以武参真，以武求道，留有武学与修真之为，上历于天，下合人道，法本自然，历代仁贤以武演道，留下诸般艺事。医武同出一辙，乃以易演象，施之于人，操之在己，形之在身，是武学修为。故太极演自先天，太极者，艺之为道，泛化于俗，敛之呈真，仁贤语之："艺者，道之形也"。

太极者，操演先天，以气行真，动作引气血行，有起有止，有始有终，顺序缠经，施度有力有机。形意练神，大舒展以气血为注度，筋骨宣合，百脉流真，慎密紧凑，乃见神思运化之操修。动念即动，止念即止，以武演术，以术见道，是为太极。先天之为启于真慧，法于后天而操持，依赖先天而洞明。后天之造作，以事为工，以艺操形，按天地阴阳自然之律，纳入我气血神意之经。转换不已，循经不已。于操为之中，久久行真，渐悟神明。以期初法形，渐而诚明一心，兵马大则，斧钺金枪，走马对阵，泛波武学。诸般操修，繁衍天下。返而观之，静参之余，坐定守真，自知体内气脉操程，与日经天，如季温凉，耕作收成，生命行藏，乃自期神思。慎之造作，衡之经理，权修斯道，系古之参真武学之修为。形迹出焉，久以太极名，是范先天之操修，演象于法度，作为有形，内执丹轮，脉行其道，似鱼游绿波，以养其形，以育其真，待坐定以设鼎炉而施丹火。内养神华，权凭心意，如龙翻急流，遇敌操戈，书做自然，乃设剑阵以辉玄机之造，以秉善恶渡有情。诸缘阐化，修之自为，实先贤圣真以法弘仁而留下修为。今时以律洞天，先天寓理以一气，剖彻微玄之素膺，重宣仁真之操修，复知内操内练有循经。动作范楷，气血盈然，注真如度，方适先人圣则。以理操修，以神相会，复识古人仁之心胸。圣人修学以自省，法则先天而养真，验之于人，行之于业，力尽操修，当不减当年弘仁以慈。脉行有律，操修有法，气行于天，举之在目。行之在人，慎之在心，方不失太极演先天之则。诗曰：

操演玄机秉先天，造化万类应本源。
阴阳系合识人我，水火相推悟真玄。
持操道德参仁品，贵尊血脉聚贤诠。
圣哲留法乘如意，造作太极隐仙颜。

第三节　从太极拳的循经谈起看《龙行大草》与《武当神剑》

《翰墨缘》也提道"传说中张三丰的龙行大草传世……""字体的结构"，由起笔开始，内力劲路的轨迹出现某一方向螺旋反复。或左或右的单向旋转，如同人体中的内外缠经现象。类似修真或太极内炼之法中的太乙循经。以右手为例，因为常人的书作是右手作书，但是循经现象则是双手双腿都具备的生态生理现象。经络的阴阳互为组成人体的内载循经。写字时的字迹笔划向左旋转，正是手三阳经向手三阴经由手臂的外侧由上转入内侧的生理现象。字迹笔划向右旋转时，是手臂内侧由手臂上转向外侧的顺时针方向的循经。这种循经气化是体态中经过修真专习而后得到的潜气内行。或说不定，人在书写进佳境的忘我神化过程中，气机内行，

145

内力与书作臻如妙境，在字迹上出现与循经出现同一轨迹。道法自然，天人合一，正是书作使人得以长生的密谛，也是修真丹道的内持顺应以书演道的作为。

传说中张三丰的龙形大草传世即是此为。刘熙载在《书概》中也提到"潜气内转"的"一笔书"。傅青主也有这样的体会："吾极知书法佳境，第始欲如此不得如此者，心手纸笔主客互有乘左之故也。期于如此而能如此者，工也；不期如此而能如此者，天也。一行有一行之天，一字有一字之天。神至而笔至，天也；笔不至而神至，天也。至与不至，莫非天也，吾复何言，盖难言之。"这段内容是叙说神与书的统一。神气往来者，可以臻入佳境。

"潜气内转"与"太极拳"的循经，同出一辙。即说三丰祖师已经将文武汇宗，书诀与内力参同。留下这内家武学，丹道与书道，字势与脉络，人与书，人与剑，大统合宗。大泛时人也追求书法与剑学。自己去探索，莫如与祖为孙，参学正宗痛快！书家的内功乃见之于修脉。缠经循脉见之精微。

汉字草书龙行大草而于内家剑法合一参真，这一学说并非是偶然。笔者也在《翰墨缘》一书中阐述过这方面的学识。可是按宗风在社会上的流宗，在历史上留存的史实，书剑之学之血统是真实的。这已经不需要叙说了。然而开创龙形大草与武当内家风范——武当太乙神剑，这一宗脉的叙说，笔者将著书专论。《龙形大草与武当神剑》这个内容，将涉及《雪山秘传莲花概谱》中《雪山秘持法·摩火剑》的法脉，或也可能同时叙说其传。在这个领域里，涉及书法，涉及武学，还要有关血脉的资料，都同时介绍给读者与学人的确不像世人想的那样简单。比如要有楷草兼作之《百龙图》《百神图》，还要有《龙形大草》的分典。因全典的字数太多，而经于功夫的只有三百余字（过去武林承传的"操演行功三百趟"之载言）。其余的字有两大部分，一部分内容属其秘传，包括武林剑法之隐诀；另一部分内容则是限于书法、文识上的专习。这两大部分或者由于"功夫"太高深了的原故，不易参范，或者说《龙行大草·三百字》已经够健身习武之用了。

这方面的专修，已经在历史上形成绝学与门户，隐于武林之中。若不著于文字，怕是今后连考证的资料都没有了。如果从另一方面来分析，这一脉络之功夫，的确是大有声色地将文武化为一统之宗的血肉生命，是较为简易地入武学书道之门槛的精魂。不用说得剑法之律尚有传真，就是操剑健身也已经是再好不过了。这方面的专著，笔者已经手稿丛编有集，只缺时间与经费了。很可能将其秘隐之笈排在《六脉太极》之先。因为笔者考虑到学剑练武健身的人苦于没有好的套路，循序渐进，或有好剑法又不易记忆，高难处一时又练习不好。而专为太极拳而来研讨《六脉太极》宗风的人不说没有，客观地讲肯定少于"舞剑人"。这也是"火烧眉毛只顾眼前"吧！因为笔者在学人中曾讲过太乙神剑（而在《真元宝笈》彩页中又刊之《武当太乙神剑密授原图》引起反响）。又因武林丹道泰斗·武当太乙神剑关亨九先生仙逝，生前留下《武当修真密笈》由《武当》专刊，而先生有关神剑与龙形大草之秘，只有笔者记忆犹新，一则是全关老生前遗想，二是续自我夙愿。不希望这脉绝学再断在笔者手中，使笔者在先祖英魂前是个不忠不孝、不仁不义的人。

在武当太极内脉之中，太极拳较为简单，当年龙虎堂《九宗汇元》之金匮玉函中，记载武当的"太乙神锋"为要较多，太极拳这个小节目，记载欠详。这也是古人心中泛学皆有个次第，故先将太极拳贡献到社会上，作为健身的一个项目，是有根据的。太极拳能转入内敛，无论是对于健身而言，还是深入修真而语，都是通向码头与船的那块"踏板"。

为让太极拳的修为者对武当脉流有个概泛的认识过程，笔者选登了关老先生著作《武当修真密笈》及纪念关老的系列文章的一部分。因为关老在修真与武学上给后人留下了楷范，宗风传言，武当脉传的宗风传人都精通太极拳，可是精习太极拳的人并非都是武当一脉，这句话应该说已经交待清楚了太极拳与传统古老的宗风之间的次第关系。关老及我的师辈都说过，《武当学脉》犹参天大木，太极拳是树上结的一个"桃子"。这句话可能不被常人接受，可是这句话能指引着善于学习的人从散流而踏入宗风，走向脉传。

第四节　太极拳技击法

①原势不变的基础上产生技击作用，谓之原势技击技术意义，称原式技法，为太极拳原式技法。原势转换为"掤捋挤按，采挒肘靠"等八法所乘之技击作用，谓之（八法所宗）原势八法技击技术。原势八法技击为【太极拳八法技法·八法技击法】。

②原势在产生技术作用时，转化身姿，在改变原势的基础上，所呈现之技击动作，谓之原势之变化动作。原势变化

"技击技术意义"（技法）为【太极拳原势变化技法】。

③在原势基础上，分化出来有典范、规律的传统习惯动作的技击作用法，谓之【太极散手】。

④在散手基础上之转化姿势动作，产生技击作用之。这样的动作，谓之【散手化势】。

综上所述，太极拳技击法，并不是像今人认为那样随心变化之简单。以为练了太极拳之后，稍有习武之常识，则去任意发挥动作。不管是否合乎拳律，把对方弄得不可开交就算是了不起。像这样漫无边际地自由涣化，才导致今天犹如下象棋一样，连马别腿的常识都不知道，也充"擂台"。这样的法盲（棋盲、拳盲），连拳艺的规则都不懂，岂不是令人悲哀，沦入哭笑不得的境地。（武学并非是在"只听'进招'两字刚落音，那青年武师就'叭'的一声跌坐……反复数次，那位一试身手的青年武师心悦诚服地将两手抱于胸前彬彬有礼地跪倒……"这样单纯）人们还记得水浒中之扬志卖刀遇上的泼皮牛二么？有些高手是终生回避无赖的，即如壮士豪侠人人喜于打虎，谁也不愿意打癞皮狗那样简单。

比武历来是武学相互学习、共同切磋拳艺的活动。但是乎有个共同的基础，倘若不是在一个层次上，不在一个知识文明的基准上，这样的切磋是绝无仅有的。"打服了再拜师"这样的"高徒"还是不收的好！即是今天被"打服"了，日后也会练成"狂人"……

笔者曾与武当太乙神剑派当今丹道武学泰斗关亨九先生畅谈。关老一生没有与人"打"过，晚年会意心传，言其宗学，他说："看我为什么一手在前，一手在背后呢！眼前一手即可以应敌……这是一手化三势，一招连七穴。后面的手不能伸，伸出来就要命了，这是要命手……修真的人不能轻开杀戒，让人丧生……"关老对武学言之如此精辟，能说他好为人师，自作高梁么？正如关老自谦地说："到底功夫好不好，别人不知道，自己心中有数。如果连自己心中都没有数，那不是傻子么。"身怀绝技的人，是怕别人知道。一旦被人知道，你是教不教他，你教会他，日后惹事生非，败坏道德，岂不是造孽。你不教他，他就恼你，怨恨在心，扰你清静……况且这功夫二字，是那么容易练成的么？不能吃苦的人，一辈子也练不成武功，练武功都吃不了苦，还说什么修真，真是天大的笑话。还有这么一种人，你教了他，他怕苦，他什么也练不出来，他说你不教他真东西。这是何苦，与他与己都不如意。笔者如今将这些拳艺集腋成裘，为的是以资后来，期待天下有缘，为了祖国传统宗风弘仁天下，累字成函，宣仁教化，让天下一切有缘延此宗流，得祖师当年真传，愿太极武学一脉宗真白于天下，让今之学人志士，深知国学昌明，使学人宗学有脉做个依准，使天下诸众有光我传统之心做个蓝本。

第五节　掤捋挤按专修与武技短打十六字心法

武当玉环桩·玉环桩行功武技演示说要

　　张三丰祖师将其脉传演化为混元四手，开后来太极宗脉，以掤捋挤按四正手为混元四手，以采挒肘靠为混元化势，进（前）退（后）左（顾）右（盼）定（中）五行地位，创十三式，乃文武双传之内密（武当玉环桩笔者在《真元宝笈》与《武当》作过介绍），是当年三丰祖师"出少林而创武当"宗传可考的依据。（见2001《武当》第5期）

武当内功玉环桩之武技演示，显示出"击舞双并"的高深层次，玉环桩行功俱丹家之道。抱朴子言"在内则强身，在外则御敌。"指出个中"三昧"。古人曾经于丹砂武法合为一术，是说由武而入道，壮真元以养太合。当年三丰祖师授艺于众，使道演玄妙，开后来武当正宗。武当一术，以柔见刚，以柔克刚，刚柔并施。玉环一术于武技中，法无定则，纯系以心法鉴之，实先天悟性也。夫行功之时，隐喻于心，会意于神，方可心明悟彻。又每见数年纯功，不能运化者，今则悟出，乃玄机莫能识也。先贤启慧亦言故事：先帝势演玄妙，执金锋留以武诣，藏诀海上，昭示大千，复使武当真隐，得以相袭也。是故今时博演精绝矣，然玉环一术虽无定规，乃无一定之律，而有一定之妙，得之以诀，于以后学参悟。是故指出心法绝妙处，下示十六字心法以揭示真面。

托掤挤压滚拨切砸挑按滑蹬勾勒抹带

托者，非一定之势而为者。托者，当以行功时，遇敌交锋之际，取势相并，托而御之，或行单托，或演合托。接敌之势，不封不架，而直以内功降也，或托敌肩肘腕胯，或以机相寻托者之势，直取而不避，是夺敌之首要。托者以自身之内力，运化托法，方以法拭之，乃真托法，即托敌之形神也。

掤者，此系遇敌行功时，内力转化也。彼力来时，以掤遇之，乃直揭直掀彼之基也。夫基一动，其势自危也，不击自毁也，以掤法取敌或言太极之技。此寓意亦是乘隙而入，使自身贵以气吞化，以心法御之；何方来，何方御之，其掤而直入其间，实掤法之精也，此掤法之要矣。

挤者，夫挤者之法，贵在得势得利。夫挤者亦为应敌之良效矣，能以挤法拒敌于化形身骸之处，其中之真髓乃一机之争也。虽争不争，以无形之势，倚敌之骸，使敌不立泰山，而倾崩塌溃也。此挤者行功之用，乃一念之别尔，乘虚而入，挤而观示虚实，此挤之用也。

压者，此示行功遇敌之势也，或云心法，压者抑制之意也。敌欲受制，其势必败也，或言以自身之内功运化，施之于敌，则势以压而为也，此压者与盖敷不等也。压者必备吞威之势，时可谓压也，能以气势夺人者，非压者而何？压者以喻其势，以扬其威，以示其勇也。故兵法中云：勇冠三军，兵之精贵也。

滚者，此喻遇动行功之玄机，在于运化者。滚者，可以接敌之势，审敌之策，御敌之良机也。夫御敌者，以滚法应之，乃心法者也。如何滚之，如何使之陷入我阵，以滚法迎敌，使之敌动顺我之势，合我之机，而入困败之局者，能以滚法应之，时人不谙其道，非良法，故滚为贵为要矣。

拨者，应敌之手法也，拨者，拨打之别示也。拨以灵动，以神相会，以意相集，形神之变化，交手之际，犹如叟戏顽童之势，是活打，避封之法。拨者，轻灵之术，能拨者，能击技，是灵字为先，故得拨法者，此武林之隐喻，虽为小技，于大道中亦焉可不备矣，故拨者无招无势也。

切者，手法也，行功御敌之来也。切者斩也，切者斩敌之来势，或手足，或器械，以失敌之整体，以损敌之局骸也。何以能切，是此切之良器乃内功之用也。即以克敌，或形或神，皆可列入斩切之域。夫切斩者，伤人之威，夺人之质，为切之本意也。然能以切法悟彻，乃鉴其切之隐意复现也。

砸者，此毁捣碰击之喻也，御敌行功之时，能有机而施其法，其先入手之良时也。兵法曾云："兵贵神速"，技击之法，武途之用，内功之施，复在得机得势，如能得机得势，其砸法为快矣，出其不意，攻其不备。砸何处，何处有损，砸何处，乃内功所指，夫内功精妙者，砸之处，即虚处也。

挑者，击刺之始而变势而为者也。挑者应时，立见其利，速显其威，能以挑者拒敌，先须审其机也，入机则动，失机则守。善以挑者，识敌之法，御敌之招，观其变化，敌先当出手，而吾待敌出手之际，而未效之时，遂以出手，乃为挑也。挑避敌锋，避青入红者也，此挑法也。

按者，封敌之来势也，按者，先有扑法隐之，以见其按之速，以显按之威。若能取按字御者，自必不惊不恐，入手之时，虚灵守之，审他人之变化，施自身之功力，故其法寓在其中。拳经云：以斜克正，指出按法原则。凡敌之出手逞势，必备其姿，能以闪开正面，斜而扑者，聚力以攻，非按者何。

滑者，虚合招架之势也。滑者，取意不与敌争衡，术也，不计他法以诸计行之，我当以顺他之势，佐他之力，同执一处，以顺人意，不施己力，不犯敌锋，此滑之本意也。夫能以滑法应之，皆备神髓，乃以巧胜众，以轻责重，击敌在瞬息之间。滑者，引敌之落空之法。

蹬者，施巧技以御敌也，蹬者，有踏之意，与踏之意不同也。能以蹬者御敌，内功掌力所使者，故蹬法而显其功效也。其内力隐之，随机而发，应敌而施，蹬者伤敌之利，避敌之锋，闪其威猛，以自之内功，潜而施之。蹬者，系内功之奏效也，发滚转之玄机，遂而见真力。

勾者，御敌之手法也。人我交锋之际，果能以其术，避闪其毒。勾者，无形无相，勾者，尽我之意态，蓄己之良机，用以示观变化也，能佐以诸种手法合参，其勾法自见超妙也。勾者，避敌之势，闪开敌锋，以施我法，以示我势，故勾者，于武途手法中不可以轻视之，勾见其锐而化，乃勾之用也。

勒者，心法也，勒者隐喻深藏，乃为禁形紧势之用。夫勒者，见其形敷其力，索敌之形，而碍于行动运化者，勒法有二：一为自身双手施于人为禁形，二为自身一手借助敌之手足为用，此勒意尽也。勒法务以心通，是无形之法，列入有法之律，勒为用，施以神化者。

抹者，抹法亦为无形无势之心法，以神相会。抹者，应敌之时，闪让他威，以斜而入，披身而夺，复发我技，以发放之机应之。抹之出手，有内力涵之，擒龙纵鹤，鼓荡而至，或以身形、或借他身，施封闭之术，息至皆闭。此抹法精良者，化形如心，动静咫尺之中矣。

带者，乃心法，身法，手法聚一而示也。诸法皆于我身中动作，以带应敌，实我为主宰，以施闪化之术也。带者，是以他人顺遂我意之运化，实我顺人背，以我之动牵动他人者，带者多用于动中取势，见招见势，皆有带法而用，此尽带法之妙也。带者以显内功之随形尔已。

十六字属心法，如于行功中，静观其妙，静审其道，一叙而尽矣，此正应古人，功深日久，悟出真源之说。玉环一术于行功中武技之要尽矣，得之者非炉火纯青不鉴自昭也，此说之要之叙。（夫以对练之法，容笔者续而刊之）诸论以示，乃古人先祖师训，今揭而示，公于同道精研，以窥我神州修真密示武途者，希海内外诸公哲斧，示武当之神髓也。

长白散人李真阳示于丹岩山馆

戊辰年十二月，公历一九八八年十二月

第六节　师真篇

书中言及复聪指穴秘术，虽有心传，本属火候。君不闻丹经语：

"契论经歌讲至真，不将火候著于文。
要知口诀通玄处，须共神仙仔细论。"
"纵识硃砂及黑铅，不知火候也如闲。"
"饶君聪慧过颜闵，不遇真师莫强猜，
只为金丹无口诀，教君何处结灵胎。"

《悟真篇》

"授者曰师受者盟，" "金书玉景乃可宣。"

《黄庭经》

古圣哲作书，是留传世上所为，是先范承业之集，实属真言。

《文心雕龙·史传》言，"然史之为任，乃弥论一代，负海内之责，而赢是非之尤。秉笔荷担，莫此之劳。迁固通矣，而历诋后世。若任情失正，文其殆哉！"

然诸宗学识是师传与书卷交会而成之结果。

大凡经师承宗风者，圣人知其理，著书立说，以哲出之。师真以心会神传授之，乃谓受之真宗。初传授之以形，继之授之以理。形中寓法，法理并传，使后学洞真三昧。同时参录本抄密籍，一是学人秉师传而操笔，二是师藏专论之真持。其二者不可缺，复为宗流脉传，师生相袭之证作。

《武当修真密籍·论师徒》语云："师徒如父子，父慈子孝，师能徒尊，此自然之理也。为父者欲得孝子以光门庭，为师者欲得贤徒以广宗祠。所谓师访徒三年，徒访师三年即此也。徒之贤者侠肝义胆，正大光明，尊师爱友，继承师传，保门护道，患难相扶，休戚与共。荣辱不分，贵贱不嫌，不忌不怨，终身相依，如是师乃放心，倾囊倒匣，竭诚相授，师诚徒义，水乳交融，共存共荣。反之则欺师叛道，必招天殃，慎之戒之。"

余之见闻，为徒者初学以诚心求教，略得真知一二，流于世俗，自觉超人有长，反观师亦觉师为平常。孰不知师乃过来之人，守旧律返朴归真，不自欺亦不欺人；身藏诸艺，心存本真，岂是鬼头鬼脑之小人所可揣测，此徒非良器，不可呈真，人世纷纭，俗为累累。虽为徒者，一是自足于自娱，或是年深日久为尘患所熏，不能尽持宗风教化，苟且一生。诸般形骸，宗风难持矣。道是真道，师是真师，所谓圣真为之不修自真。执其纯正，世俗多扰，致俗人闻道大笑而已，是宗风难持。师徒相寻三年矣，非指三年光阴，是言其缘其机难遇耳。

夫宗风脉持，要走正宗不为旁门所惑，要千万别练成狂人，遇真师相渡不可错过。概言真师者，自有博广学识，过人超世之擅。亦朴亦谆，授人施之以礼，教学行之以度，观其小效而验其大成。循序渐进，文武同宗，勉之后学，继之前踪。一慈、二俭、三不敢为天下先。再求上者，善古诗者必属雅才，文笔超凡，记做惊人，有三绝在身，有宗风传真。先贤曰："课子课孙先课己，成仙成佛且成人。"

　　为师者，治学严谨，弘传统之法乳，哺化群生，授徒课教，以尽宗风，以成济世之广材。因人施教，授之以真，视之以神。明之在心，守之在魂，不苟不慢。施法度于徒以仁，教诸众慧化以慈。研学时有本有源，阐化时悟，修真自持，警喻世人。以易理衡真，顺自然而求天然。泛诸辞言，是师心亦是己心所出之诚言。上期天地日月拱抑之德，下合万物阴阳顺化之情。理出天然，道法自然。著斯文以警世，记斯篇以明心。是此，是为师真之篇。

　　　　　　壬申大雪　二日李真阳　记于吉林

第七节　《真元修真法》简介

　　真元修真法即九脉合真后"一脉真谕"的宗系嫡传，古传之全称为"三界修真法、万乘统元功"。三界指天、地、人，亦即指自然界中高层次的、老百姓低层次的以及不上不下中间层次的，其修真之法均为修持自己体内之元气。万乘是指功夫当中有中乘、下乘、下下乘、上乘、上上乘等等不一而足，就以万乘为计，也都离不开元气。离开元气的修持，就不是功夫，也不是武学，更谈不上修真。

真元修真法是数百年前我们先人归纳出的一条修真捷径，是圆融三教的系列修持锻炼方法。古人曾劈破旁门，随而指出：

内景真途直揭修真之妙
华巅大道顿悟统元玄机

因该功法系儒释道三家功法的综合系列修持，内容丰富、各有阶段，不能一言以蔽之，故取义而概括，遂用"真元修真法"为名，以窥其密，弘为广传。由于前述历史断代原因，真元修真法自清以来一直隐于江湖、历代密传，鲜为人知。

1984年，万轮甲子，该法复出，方将此历来不传之秘，仅限代代口传心授之功法，陆续公诸于世，以期将此"一脉真谕"之种子撒在我神州大地。

内功气化之修持，于我神州大地历尽沧桑数千年，经久不衰。因其年深日久，岁月蹉跎，荡散民间。随着光阴的流逝，师承相袭，诸门支派，名目繁众。剖其实质真髓，则又不出以修持为过程，以成就为目的。

"真元修真法"这个系列的修持炼功方法，是以"培元筑基""修真元以养太和"而达到修真目的。在修持的过程中，根据不同的修持方法，得到不同的效益。经过上有师承，下有所授的实际体会，深知古人创此修持行功用心之良苦，深有内涵，可谓大哲先仰，以示天下。渊源推之即久，功法规模求全。动静诸法，远追秦汉，近袭明清，有成就者

第三章 文卷篇

不乏其人。睹之近则师承，亦有证真，足以见其法衡准、规距、不易。

秦汉时期，除丹道之术而外（当时好道人多，得道人少，外丹兴盛，内丹没有广传），留存至今的修持之桩功各有千秋，虽古朴无华，简而易行，但其内涵深刻。流传至今的武林中内功，"云雾桩""北齐佛子四势"，团练内气，合于自身经脉之运化，行功于朝夕子午，"纳四时之正气"，"结聚天罡元气"，外行金刚之力，坚如铁石，内以气机外注，行吞吐往来之法，开厥阴真窍，气出劳宫，此功孕育出后来道家的"虚弥神掌"。

唐宋之际，行功修真，风习日炽，故而成就者多，行功久注，流传世上。"别妇留丹诀，驱鸡入白云"（王维·王右丞集五送张道士归山诗）。"圆洞开丹鼎，方坛聚绛云"（卢照邻·卢升之集二赠李荣道士诗）。唐诗中频见此语，丹道修持思想在当时思想领域中有很深影响。

晚唐宋初，长睡之寿仙、陈抟老祖泄出卧功隐秘，以至行功之中，"长饮玉液，久藏金息，呼丁甲至，真吾出于金顶，神游八极"，不计岁月流逝。虽为卧姿，却行内功丹道。留存至今之睡功、卧功，"罗天养真桩""碧落游仙七姿"，皆是此密之流。此术蕴于武途，内密行针，说破"元真出游之秘，道出真元飞腾之举"。

"三丰道人"开后来内家玄奥，功法一统而下，合于丹道，化以修真，引出内家功法。

宋元而后，三教归一，行全真之法，以至近几百年间动荡纷纭，诸家兴起，功法行持各异。真元修真法，其内容出于道家的采气全形，炼丹化形之上乘功法，释流入静参禅开慧证真的弘深之术，儒教易注裏中的浩然之气，"应将笔砚随诗主，定有笙歌伴酒仙"·（明·陈鸿绶。陈鸿绶字章候，弗迟，老莲，云门僧，九品莲台主者，浙江诸暨县人，明万历已亥生，清顺治壬辰卒）。可谓集神州故国之养生丹道，国术内功及文化艺术共冶一炉，保存了传统的风貌，理法精透，内涵隐密，便于系统的学习研究。

这些内容不仅在修身、武技、内功运化等方面有独到之处，即便是医治诸种疾患，开发真如智慧，亦独具一格。有志于研习者可达理想境界。修真的功法就层次而言，分有阶段，限期取证。以传统的修持方法而立身，以修真气化为本。其内容包括内功采气练形、阴阳调合之法；修禅定、运法轮、金锋日显、律吕声象等静中自悟的开慧证真和内景丹道学，以及武轮内功、奇兵器械、国术散手等内容。这些行功皆以自身元气为基本因素，通过一定的修持方法和行功的手段，培育生华，积久呈真。是由浅入深、逐级深入的三教修真之术。

真元修真法中的初步行动，是由筑基的修墙补屋入手，采气充形，以全先后天之妙。在行功中真气充盈、通于景道、太乙气化、循于子午周天，通其中脉、倒运阴阳合于自身。继而使元气冲腾，开顶证法，使一气升腾冲至颠，三花飞举。或以法轮内景观妙，无中生于有象。长期行功，筑基坚定方能转入修真阶段，这个阶段在气化状态下可以出现功能，进而开发智慧，延年可期，享四时之快乐，化阴阳之玄奥。法境长显，身心俱泰，正所谓古人"有酒学仙，无酒学佛"。"福慧双修终需得，身名俱泰要留余"。人天同易，法境同缘，到了这个境地，功力坚实，已经证道而得修真之妙。

第八节　打手歌

先师序、门户掌前言，十三代抄录。门户掌传于明末清初，为武当分支，由铁松子祖师引入寒山派内功七式及飞鹰掌法和武当派的太极拳法及点穴法分筋挫骨等手法，而立铁松分派。本派历代均为单传，所以传人甚少。现武功作用已不显，为健身目的，使这前人先辈师祖独创别支精华和我同门共享其乐，为内功内家开练功捷径，故再抄以免失传。

武当太乙门户掌·太乙神功打手歌

妙中妙，玄中玄，自古先师将道传。
妙法通明三千界，无生无灭至微玄。
自古武功通神路，传自山家结道缘。
有缘有法同人悟，有术有寿共觉眠。
武功传法分九派，各有功法列上玄。
至今已是千百载，始见道德列为先。
是功精习能入化，有法应藏可见丹。
今日讲法演为术，为使弟子列仙班。

君不闻

大道本是自古传，先有武当后有天。
历代皆有祖师辈，不能一一入耳言。
武当派，甚威严，门户乃是至上先。

有法参禅无无数，见通悟境月月环。
灵根照见元空体，妙途能化无上缘。
大道深功苦中得，玄机妙法静里参。
多少功果从中悟，多少岁月伴君参。
武当正教传先古，劈开混沌出大贤。
代代祖师传密法，世世英名贯宇寰。
三千功法成先数，八万妙诀落尘寰。
留下展转十数字，莫将弟子等闲传。
祖师传法法万千，法法相习法相连。
先习功法十三式，盼跨交扭卧转翻。
七步六掌成初数，更有心法十二三。
层层功夫层层入，步步行功日日参。
武当分门更有类，天罡掌数展威玄。
内功掌，玄明丹，金虹法，伏虎拳。
多少玄功存妙趣，丹砂鼎火用心炼。
齐锋戟，飞虎夺，游龙胆，滚龙环。
金龙掌法先师传，六合功夫见上元。
更鉴神兵周天道，系合内外穿金幡。
有法方入大千界，无如可谙妙玄天。
功法自鉴应自得，莫将此文等闲观。
炼就金刚不坏体，铸成瑞骨现宝莲。
三花聚顶显其术，九圣朝元见道玄。
代代功法莫虚传，式式妙道产太元。
多少先师玄中悟，凌云渡通大罗天。
奇稀妙道存物理，流至永世享威名。
话武当，产金波，代代莲台万丈多。

三昧真火金莲种，六道大业菩提诃。
法传有缘授此妙，密诀莫在人间言。
有法能行方入道，有师点传抛金梭。
敬师尊法升三界，武当门中序此歌。
源大道，入妙乡，无如之径尽妙堂。
历代祖师传真术，武当门中功法玄。
八万功成透铁石，三千道法镇永疆。
大宋留存玉镜肘，北齐传有云雾桩。
八法神捶藏变化，千秋掌势呈威扬。
太乙神功运神术，太极双仪环法强。
混元球，小歌拳，蟾月图，扑云掌。
太岁武星图，老子犀牛桩。
明有铁松祖，寒山内功强。
从此武当分别派，大千三界把名扬。
周天运大法，密意此中藏。
溯源远古分天地，至今流传盘古桩。

第九节　天轮地煞图

（上）

《天轮地煞图》全称乃《太乙真天玉持法本天轮地煞阴阳穴道玄机神图》，是明·九脉合真而后武林密传绝本。

国术中的武学与修真经过千百年的演化与发展，已经达到了完臻的地步。而这当中形成的浩瀚遗真，依靠历代的宗风脉传得以延源泉至今（笔者所著《统元楼藏真丛典·真元宝笈》中已有清晰的交代）。在近数十年的历史当中，为众所知的关亨九和周潜川是两位不可多得的得到脉系嫡传的人物。

关亨九先生的神剑脉传是真宗脉传，太乙神功，属于武当真宗丹脉。当年这神功四门流宗，乃飞刀、神枪、意戟、神剑。这四门的宗传，笔者是得自松花湖旺起镇隐真吴和老人与其孙吴延平脉系嫡传。十二代师尊阎老先生对笔者讲过有关吴和老人以金锋掌破牛腹，在松花湖上登萍渡水的掌故轶事。关亨九先生只得神剑一脉，故剑宗中只具玄光。

关老在《武当修真密笈》中亦言：我家藏有祖先所著的武当拳宗，当时江湖上黑白两道，为此颇为震动，都认为这是泄漏武术的海底（即工底）。颇招仇视和忌恨。但因先祖在督署当差，尚能隐避，并没外传。以后因社会变迁，绿林英雄，渐渐绝迹。得以代代相传，一直传到我手，可惜于十年动乱时遗失无存。现在国家需要，在体运会支持下和史学会的同志鼓舞下，本拟将这本拳宗整个追写出来，无奈因我朽木之年，精力有限，只好分段陆续地追写，十二论是我学艺的根本，对我影响最深，记忆的比较清楚。所以先把它写出来，贡献给国家，交给群众，藉以发扬武术，而利后学，是所望焉。故刊登于《武当》杂志作单行本。

丹医大师·周潜川生前曾有出版著作《三十六天罡指穴法》《峨眉十二桩》《气功药饵疗法与救治偏差手术》三本，当时弟子们也整理了《上师语录》和一些丹医指症之说，与佛协巨赞法师搞过丹医之科研，后因文革及巨赞逝世，这科研成果中夭。其中《三十六天罡指穴法》书中介绍

第三章 文卷篇

的是三十六天罡穴的指穴指法用劲等，与此相应的还有三十六天罡穴，书中并未介绍。

根据武林旧习，大泛得法者，不得穴，得穴者不得法，只有二者齐心合力才可共主武林。据周氏书中介绍内容而知周氏未得其全。我得《天轮地煞图》与太乙金锋指，此二法分别得自二位师尊亲秘。后来在专习过程中，师真们才讲此海底，再三叮嘱我要慎全。

《天轮地煞图》是宗风留传下来的慎秘，过去是武学修真的海底，历来被江湖人物杜篡，编造什么宝典、宝笈之类，蛊惑人心，至使遗留下漫波无限。今因社会文明，时代变迁，习武修真的人，已是凤毛麟角，将其作为探索人体奥秘，健康人身，也是古之师祖造福万灵的一个真实事例，一是缅怀先人在人体科学上之研究成果，二是让今人知道，传统文化领域之学识是何等的伟大。

《天轮地煞图》直接记载了人体当中的秘密要穴，他关系到习武的成败，亦是以武演道的蓝图。

本来任何事物者是有阴阳属性的，《天轮地煞图》原系有三大用处，一是武林之学者得到《天轮地煞图》，用它可以深造武学，使身心健康功力巨增；二是身染诸疾，或受内力所伤，命在垂危，得到此图可以按图以内力疗疾，得以复聪；三是修真之人得此图可以从筑基培元起直至丹成九转都离不开此图的提示。

《天轮地煞图》中主画二位人物，右侧看五分相貌似胡人，左侧看七分像貌似华人。二人均以武林形神示之。右者左足在前，右足在后呈行姿（乃玉环桩中双虚步），左者双腿屈蹲姿，二人足下呈有水浪，二人足隐水中，约水面在踝之上下。

《天轮地煞图》右侧人物腰际下处有三穴，按《督阳玉照图》所示则为下轮三穴，即中为命门，左右各一穴为命宫，此三穴为人身至宝真穴。也是武林旧传"圣人留下三点红"之传。

《难经》三十九难曰：命门者，谓精神之所舍也，男子以藏精，女子以系胞，其气与肾通。三十六难曰：肾有两者，非皆肾也，左者为肾，右者为命门。命门者，精神之所舍，原气之所系，男子以藏精，女子以系胞。命门者，下丹田精气出飞之处也。命门其气与肾通。譬以耳目一也，而左明于右；手足一也，而右强于左。而命门为阳气之根。命门一者，坎中之奇也。是命门总主乎两肾，而两肾皆属于命门。故命门者，为水大之府，为阴阳之宅，为精气之海，为死生之窍。若命门亏损，则五藏六腑皆失所恃，而阴阳病变无所不至。命门属肾，生气之原。两肾之中，名曰命门。命门居两肾之中。命门之少火，即肾间动气，是为生气之原也（《医宗金鉴》四诊心法要诀）。

《修真图》中"坎中真阳"之句，指人体内真元肾水，泛指"坎中真金""海底明月"，人身中之至宝也。丹田系真元气海，周身之经脉，日夜循彻，周而复始，皆以丹田为归处。夫内功之持，皆待周身气脉周流而后，百脉畅通。而行施功专持之法。行功毕，且需将全身之脉收敛纳入气海，谓之归元。

"水为三才之祖，精乃元气之根。"大凡修真炼气之家，均以丹田为之气海，故有"气沉丹田"之说，然元气存至丹田，谓之气海。"气沉丹田"本来是一种层次的感受和传统行持中的感觉。真气始能收敛而后方可以沉下丹田。"气沉丹田"是经过一定的修持才有的感受。俗人不懂这个过程，甚至某些大家学者在传授功夫时，一开始则要求气沉丹田，试问初学的人，连气是什么都没有体会，怎么能会沉下丹田。此即如妇人育子一般，没有怀胎受孕之人焉能体会胎育之动？气沉丹田亦是如此，只有把持宗风之人，言传身教，让后学得以感受气机收敛，然后始有沉下丹田的初步感觉，继之，又经时历学再有哪些内感，方称作气沉丹田，这才不失良师之责任。气沉丹田是一种感受体会，很难以文字描述。笔者这样交待，恐怕是语言过硬了，还是在行功中体谅吧！

医宗大哲张介宾《类经图翼》亦言：道家以先天真气藏乎此，为九还七返之基，故名之曰丹田。医家以冲任之脉盛于此，则月事以时下，故名之曰血室。叶文叔曰：人受生之初，在胞胎之内，随母呼吸，受气而成，及乎生下，一点元灵之气，聚于脐下，自为呼吸，气之呼接乎天根，气之吸接乎地根，凡人之生，唯气为先，故又名为气海。肾脏藏精之府也；肾藏者，主先天真一之气，北门锁钥之司也。而其所以为锁钥者，正赖命门之闭固，蓄坎中之真阳，以为一身生化之原也。此命门与肾，本同一气。道经谓此当上下左右之中，其位象极，名为丹田。海底阴跷穴，本是生精要地，任督之下鹊桥。海底则为坎宫，水之源也，位于前后阴之间，故医家又名之为会阴，会阴又为阴之至极。海底，即会阴。丹田为气海，丹田之元气为肾水，坎宫真水，肾水真元气海之谓。内景交注而经的脉流，真气行太乙气化时，冲任督三脉合流，沉下会阴，一气冲关，通督，而行周天，入修真之途。三阴，海底，如有底漏，真元即损，修真难行，丹道无期也。故凡持修真仅防此患。封住海底，即止住底漏。海底即会阴，会阴一封，三阴皆闭，复事修真，行之气化，真元之气可以上腾气化也。道家称"会阴穴"为八脉之总根，此窍上通泥丸，下达涌泉，真气聚散皆以此窍为转移。真元修真·金龙三势开通八脉法谱云：

> 开真八脉有交通，本是如来九转功。
> 功行初满大千界，留在人间延寿宗。
> 金龙探爪开八脉，游龙升天阴阳通。
> 合手同结龙虎印，金轮种子吐玄英。

易云："阴极而生阳"，故坎中之真阳生于其中，丹家又有"真精三昧不离命宫"之语，"精满神旺"也是修为者之常识。

传统宗风所言"圣人留下三点红"，应在天上日月星；应在颜面则是两眼之泽（二目）中；隐天庭部位则是慧目凝真处，这是明三精。暗三精则应在命宫与命门三点之处。仅这三点是隐匿江湖五百年来从未泄漏之天机。因《天轮地煞图》内容秘隐，多少修持者绝少见之，笔者仅介绍宗风所传，言其重要之机。这是将隐在绝世少传的真本中之秘，首次向读者介绍。这"三点红"前文略说，是当年祖师圣真留下的武学修真机密，当然亦是前贤在探索人体科学方面所得之成果，密不宣之。在封建帝制的时代，这种不宣是可以理解的，即使在今天科研成果也有专利。

在《督阳玉照图》中上轮又有"灵台""肩井（左右）"三穴。"灵台神室"之属是元神必操之地（过去庙中所见之神像佛像，亦是在背后灵台之处装藏封金）。"肩井"之隐是"剑啸（左右）"二穴，属炼真炼剑之枢，宗风岂可不知，但恐泄密于世间，移在井穴，井中养剑，以应"水中真金"之语。上之"后脑"仅是百神会阳穴之侧室，在《戳杀图穴》中记说取"后脑"易而取"会阳"不易不说。世传太极拳中尚有"上打咽喉下打阴，中间两胁并当心，……脑后一掌要真魂"的叙说。而宗风太极拳中的旧传说得更详：

上取咽喉下取胃，金锋指射玄砂崩。
震击反打心宫火，左肝右肺不容情。
中取黄庭两肋背，肘底锤打万般兵。
上劈面门惊日月，下周水府循肝胆。
中取黄庭满玉轮，两端禁户接相连。

武学中之三才之区分，则是宗风中的上中下三盘。天盘以头，下至胸间，肩位。下盘以足，上至股裆两膝，小腹。中盘取胃口上至胸而下至腹。武林旧习将人分为三才是有一定科学原则的，这样经敌，无论是在杀法上，还是在阵局上，都有固定相应的分别。"内置中宫横肘上"，是概说蟠龙腿所配的螺旋锤，上下相随，起于中局之位，即中宫横肘式（参见"内置中宫横肘上"之动作图解），手足同起同落，使气息而定，位于中环之地。"外取边锋击玉门"是概言经敌而用之杀法。外取边锋，则喻自我气循左右侧极示为边锋，中锋是取"迎对"之局。不躲不闪不避，直取中线，立如平准，不偏不倚，中正不斜，取堂庙之阵，置于中脉。边锋则是犹如站在弧线上向圆心出击的则律。玉门是拳家专语，拳家喻之太阳后脑处为玉门禁穴。按今人体医理分析，玉门为头上三处，乃（左右二处）耳轮上廓处，后脑连山岭下处。此三处，前二者为左右玉门穴，后者为玉门禁穴（即今西医脑干神经处），是历代拳家不传之隐，仅在拳经中有"脑后一掌要真魂"之语，不见其详。其原因是法不轻传，授之于人，审之以德（笔者著《中国太极拳统真大典》）。

概示在武学中，取后脑处击之是以偷袭，大泛有机可乘。而会阳位居人身之至高处，故不易取之。

"圣人留下三点红"，这下三点又为《修真图》中"九幽十八域""九重铁鼓"之说。故修为家应注重之，炼为专修功。《天轮地煞图》中之水势，右侧之人物，两足分为前后，下边水势由后向前，是隐之"真水逆流而上"之专修法门。真水即先天肾水，真元祖气。左侧之人物，两足取平蹲式，水势从四周涌向两足，是隐之"金气上行"取水潮金象，取"子水顾金母"之专修法门。《修真图》中又有"顺则生人，逆则成仙"之语。"雷火丰真，是道是儒曾飞剑；地泽临玄，称祖称真隐仙机。"（笔者著《声律真诠》）

（下）

有的穴位是习武健身的要穴，有的穴道是丹道的隐穴，医学不同于丹医，两者皆是以人体为基础来分化的，但因理论不同，其法则不同。譬如：绘画者有艺用人体解剖图，学医者有医用人体解剖图。医武同源于易，但各分其枝。虽然"武通于医"，虽然通却不同，社会上很多书上介绍有武学经穴的内容，观之则是医家的经穴图，审之再三无一穴是来自《武学经穴图》，以此而论，武学失传久矣，《武学经穴图》概言皆以诗文叙述，如同医家初传一样（参见《清·医宗金鉴》），都是师父带徒弟那样口传心授。医家不同于武学，医家以救死扶伤为本，武学以惩恶扬善为律。武术的宗旨以武演术，以术见道，以道健身。武当原名为太合，后来祖师示训，大泛求道者，以武理云：即学道之前先练武，以武来挡天下之求道者，是名武当。大泛能以习武而参玄悟道者是为真武，故当年真武大帝成道于武当山，坐守此地，因理深奥，又为玄武。

纵观前贤，以医成道者，唐之逊思邈，晋之葛稚川、陶洪景，明之张介宾……华佗留有五禽戏，传之门人吴普。吴年迈身健，是得其动功之妙。扁鹊善术数，常侍域门辨小人，终被害于盗贼。孙思邈著有丹经大典，行医百余年，故有药王之誉。葛洪用"内以养身，外以祛恶"为原则，炼丹药开创世界化学之祖。纵观前贤都不是以医为医而论医。

《史记》称汉武帝"亲祠社……而事化丹砂，诸药齐为黄金。"

《抱朴子》也说："神丹既成，不但长生，又可以作黄金。"又说"金成者，药成也。"（《金丹篇》）葛洪又说："以还丹、金液……二事盖仙道之极也。"

关于炼金这一说，早已有淮南王炼金的故事。从郦道元《水经注》直到明·冯梦龙的《三言》，俯仰皆是。然而正如当代化学家张子高先生 1964 年撰著的《化学史稿》所言："首先应该指明的是，丹家在炼金方面从没有得到他们预期的结果。"

171

事经千年，新中国初期，第一任道协主席陈樱宁先生倡仙学以来，有了新的结论："陈樱宁用药物真的炼出黄金来，中国科学院做金相结构的测试，其结果与真金不二。"（王松龄《神秘学与科学国际学术交流》）

世界上很多事情都是这样，"还丹、金液……二事仙道之极也。"并不是天下所有的道士都会炼金与炼丹，乃致出家人都会武术，所有的读书人都会画文人画，凡是书法家都会书写自撰的楹联。仅以楹联而言，不是单纯地书写几笔，抄几付对联，这关系到声律学，涉及学识、修养等诸方面的知识。武学更是这样。

《天轮地煞图》在宗风中只是一个备忘录。通过上面的图穴、文字，即能使当年的宗风脉传得以回忆。有些穴道当没有受伤时，是没有用的，只是当作知识详记，但一旦或因年迈，或因经营不周，倘若气血有些不适，或伤有处，医家医不得时，当按图中所示，自我行经内脉，方见功效。

近来武学各宗之操演多以刚猛之势出之，每见刊物杂志上登其照片功夫尚勇，大泛是年轻人习之的刚猛风格。而内功体现的少，像丹医大师周潜川先生所倡，"真气要柔""流水穿堤""练气修脉"……等法，已经是绝少见了。

下面笔者结合《天轮地煞图》，向大家介绍几种专修功法：

一、定元桩

定元真形动作：自然站立，两足距离大于肩宽，两足尖外展，膝微屈，两腿切忌僵直。两手扶按，掌心向下，虎口圆撑，如按球状。两手按之球形，应与地心太极相对。目光、呼吸，均用自然，无意守。是以特定的姿势行功，而使气机循行。

定元桩功，于玄丹内守之功用而后。将"玄丹"之"有形"随气注于天地之处，"九宫"之中，待以运化，"四柱撑元""一气贯通"的混元境中，座落九宫，定于三才，自有修真之验，先以"震"为基，而后复行诸宫，详推九宫之隐，启于真元之中独化无痕之炉火是矣。

定元真形·伏机势动作：继"定元真形"而后，气机振发，而气力相合于斯，神意相推之际，手足之劳宫涌泉与头顶百会处有对应之效。复使四肢微屈，身形升沉，两手微展，内扣，为伏机之势。是此功之良态内运，灵光内注之法。天人相感矣。

"定元真形"俗语以"定元桩"相称，乃修真首要第一之本，能以收敛元气，复有渐行升华之义。

故古人以"修真"二字深谙大道，世人不窥此道，今揭示之，为利众学，昭内功之隐，详法后叙。

二、人字桩

太乙三才桩中的人字桩，行功中没有流弊，有温养育真的功效。初学的人可以从人字桩开始，是守真抱一、培养真气的主要行功。

动作：两脚距离与肩宽，两手重叠，放在小腹丹田处。人字桩功早晚练法各不同。

早功：①双目远视，意念和视力合一。观看朝日，取太阳光热映在丹田，丹田里似有一面镜子，呈斜面，反照太阳。②继上势双目内视映在丹田内的朝日，与太阳形成三角迂回折射往返周注。③双目微闭，含光内视丹田里有一轮喷薄朝日，周身蒸腾。

晚功：双目微闭，太空碧月一轮，光华吐瑞，从天直降入丹田，遍体生辉，清凉无限。

人字桩的行功法可详参《真元宝笈》。

三、虎步壮元功

预备势·行功谱文：

    掌封玉带跨腰间，龙宫热透大指前。
    双溪虎口通地角，小娘心宫火正炎。
    阳明自待听宫舒，天寰慧照冲涌泉。
    双足平踏身期正，且看星斗列罗天。

虎行·行功谱文：

    天一生水气正圆，抽坎真离休得闲。
    虎行前足落巽宫，虎坐后足应在乾。
    气纳天罡宣虎坐，气行三斛力增添。
    周身沉落千斤鼎，云气上蒸出涌泉。

    赤凤髓生乾为天，上腾赤龙会真元。
    太乙气化阴阳体，转旋内敛结为铅。
    进身前足虎换龙，移巽入艮法参玄。

虎坐前足宣气脉，坤宫虎步落在前。

虎坐后足宣真力，虎落前足气血全。
大趾肝脾两相应，虎口双金开金莲。
一前一后飞赤龙，龙腾虎跃动金玄。
资固肾水神气足，摩天慧海正经源。

虎跃龙腾先祖传，一虚一实易象全。
气行周经宣血脉，力化金乾通肺肝。

前伸落足坐虎步，后卧沉力舒涌泉。
往返循真赤龙飞，一纵一踏固肾元。

手按玄机听消息，紫气东来过函关。

四、《天轮地煞图·注文》注解

《天轮地煞图》中文字记载："夫天轮地煞，乃人身至穴。寿考应期，为养真全神之秘。超然大略，天年玄期，斯人吉兆，古贤大鉴，留有存真，武林至宝也。亘古有尝，天地无涯。福地洞玄，大道光辉。今略参同，弘仁宗风。古金沙西涉，明月千里，心音律动。瑞霭经巡，仙芝玉气，龙虎金阙，宝刹云楼自栖。朗真岁月，不失范武宗风也矣。"

"夫天轮地煞，乃人身至穴。"

《天轮地煞图》中记录着人身体中之至要的穴道，

"天轮"即宇宙。"天轮地煞"为古之称记,喻有天罡三十六穴,地煞七十二穴,总括一百零八穴。"天轮"泛指人体中身前身后两大域界,又称任督两轮。"地煞"是域地之分别。"天轮地煞"是古来天人合一,对人体拟元化的称呼。

"寿考应期,为养真全神之秘。"

人的寿考是与天地合一的,内经上说:"上古之人,其知道者,法于阴阳,和于术数,食饮有节,起居有常,不妄作劳,故能形与神俱,而尽终其天年,度百岁乃去。""避之有时,恬淡虚无,真气从之,精神内守,病安从来。故美其食,任其服,乐其俗,高下不相慕,其民故曰朴。""余闻上古有真人者,提挈天地,把握阴阳,呼吸精气,独立守神,肌肉若一,故能寿敝天地,天有终时,此其道生。中古之时,有至人者,淳德全道,和于阴阳,调于四时,去世离俗,积精全神,游行天地之间,视听八达之外,此盖益其寿命而强者也,亦归于真人。其次有圣人者,处天地之各,从八风之理,适嗜欲于世俗之间,无恚嗔之心,行不欲离于世,被服章,举不欲观于俗,外不劳形于事,内无思想之患,以恬愉为务,以自得为功,形体不敝,精神不散,亦可以百数。其次有贤人者,法则天地,象似日月,辩列星辰,逆从阴阳,分别四时,将从上古合同于道,亦可使益寿而有极时。"(《黄帝内经素问·卷一》)

人的寿命像内经中所说的那样,根据自我的修为,像真人、至人、贤人等,有不一样的寿命(这种说法比佛教中成佛说得切实)。《天轮地煞图》中所记录着的内容,是养真全神的玄机秘要。

第三章 文卷篇

"超然大略，天年玄期，斯人吉兆。"

这里虽然是略记其大概，大道至简至易，得其真传者，自然超然而觉，持其真传。"天年玄期"指自然分享宇宙自然赋于自己的天年。"玄期"泛指不可理喻，言之的秘密。这是自我修真的人一种吉庆的征兆。

"古贤大鉴，留有存真，武林至宝也。"

"古贤大鉴"，这不是虚枉，是古来之修真有成者，经过实践遗留下来的。"留有存真"意即人体内的奥秘都留在这张《天轮地煞图》中，并且是武林中的至宝。它决定着武林当中习武的成败。练功走捷经，因为它有这么多丰富的内容，决定着练功的迟速以及成功与否。这张图一直被看作武当之宝。

"亘古有尝，天地无涯。"

从遥远的岁月，到有历史记载为止，这一切都是有规律的，而天地形成的岁月是无边无际的，恒无际涯的。

"福地洞玄，大道光辉。"

在这个世界当中，宝贵的东西总是藏在桃源深处。大道光辉指武林中的修持可以探玄，以福地洞天来比喻这种永恒的探索，得到了宇宙当中的道，看到了道的光明。

"今略参同，弘仁宗风。"

这些亘古有常，理法玄深的道，今大略言其梗概。"参同"即参照一些玄深的道理，弘仁宗风就是把好的东西以仁者之心，作为一种宗风的脉传来造福人类。

"古金沙西涉，明月千里，心音律动。"

这样一代一代的探索，"金沙西涉"是说由武演术，以术见道，即由武学转入丹道的高深修持，泛指人身体当中因锻炼而产生精气神的升华，出现神光。《性命圭旨》有言："西川岸上抬头望，一派蟾光蘸碧波。""明月千里"指性月长明，照彻地我人天。"心音律动"指身体当中的智慧，产生震动。

"瑞霭经巡，仙芝玉气。"

这种人体里的光，如同白雾一样柔和。"其中有妙，其中有精。""上有玄穹日月光，下现明珠华紫色。"（《太乙元明演灵篇》）这种光的专修，要念动口诀："光即是我，我即是光。"由动态的武进入到禅定。如拳禅修炼有代表性的就是少林，少林寺的伟大，不是因为拳而是因为禅。由动入静，由静禅而出现内动。古人提出，"静者心多妙，可以快此生"。"瑞霭经巡"指这团白光，如日月经天一样，巡伴在人的生命中。这白光继续传修，里边就会出现一颗金种子，形状如灵芝一样，散发着吉祥瑞气，震动着地我人天。

"龙虎金阙，宝刹云楼自栖。"

在《黄庭经》中有龙牌虎符，道家把人的肝肺比喻为青龙白虎。"西山白虎正猖狂，东海青龙不可挡，抓来二者令死斗，化作一块紫金霜。"这块紫金霜称为丹道的初成。"龙虎金阙"意指达到这种境界，就可以达到天上神仙的住处。"宝刹云楼自栖"概指天上金碧辉煌的屋子。自己住在那里，可以像鸟一样能飞上天去。

"朗真岁月，不失范武宗风也矣。"

像古人说的那样与日月同辉，朗是明朗。为了理想去追求去努力乃至于成功。这样的生命岁月是伟大的。这样不懈地努力，才是古今习武的风范。

最后我们将《天轮地煞图》及其所涉的几段专持谱文录

下，供读者参阅。

《天轮地煞图》

玄图自古圣真传，金沙玄符渡有缘。
上轮金顶朝真地，下轮海底统上元。
任督两乾阴阳分，左右同位名不直。
以武传真悟之极，文通武道一脉传。
纵轮独涉九宫奇，妙演天枢九转玄。
详参天地飞九耀，北半紫极定流年。
人人一贯演至今，起看门华映西川。
气纳在罡九转丹，神聚金庭一气圆。
天轮地煞示之局，久隐武建经上玄。
三才循化天地人，九宫图记龙虎天。
人言大道不轻示，且将玄田仔细观。
悟彻枢密炼其神，莫失师尊亲口传。

天地由来古圣真，聚炼三华气精神。
子时开天寅生人，乾坤交泰坎寓分。
当年留下红三点，霄里玄华自成直。
顶现三华映紫苑，眉间一颗闪樱魂。
寄至离宫动火府，降落坎水生金痕。
月华三现真种子，神锋二束宝剑身。
上庭金阙照三地，下吐偃月华一轮。
前任后督展仪形，真如宝彩射于门。
如今留有玄机图，天轮地煞统天真。
隐藏武途通玄化，长生慧海自称尊。

青龙白虎守至道，丹砂元神始为人。
一笑武途惊天地，翰毫云素畅精神。

《圣人三点红》

且记后脑灵台穴，下有三宫紧相连。
丹田之下海底月，血府周经依涌泉。
此穴奉是圣人留，隐匿武林少人传。
周循百脉气精神，武当通道理深诠。

《华颠九岳图》

华颠九岳细审详，金庭后脑两宜彰。
前有日月后有山，左有听宫近大阳。
上经罗天飞九耀，再认半勺会当扬。
灵犀二穴慎左右，百神之下星月芒。

《水撞金轮图》

神水来潮涓细冷，坎宫水澄日月明。
上映金阙朝真地，下彻九幽十八域。
九重铁鼓难穿过，三昧真火依旧腾。
阳经曾循三摩地，圣人留此三点红。

《邵子月窟法》

为使玄砂结芦蓬，为执金气透宝锋。
长留性月沉海底，久射灵芝高穹峰。
一点樱红大千界，三环瑞霭隐宇中。
往来周自海底穴，下注足下涌泉生。

《九宫田》

八卦九宫在心传，子午行踪隐高玄。
上击金阙玄穹地，下打胃门并丹田。
比肩应在云门处，章门日月左右闲。
内隐膺窗期门里，朱陵火府近中原。

附 录

几经宝笈垂仁教
终将一愿演万轮

——真阳·李兆生先生简介及学术思想概述

李公（1949—2013），讳兆生，号真阳，吉林省吉林市人。
先生乃百年难遇之奇人，诸艺精绝，于传统文化造诣极深。先生善书画、精武学，文武兼备，功力超常。对传统文化中之沧海鸿迹、古鉴典说、金石铭篆、刀碑板刻、诗文楹语、品饰民俗、服食药饵、易理数术、旗幡剑令、武械金锋、丹砂炉火、古玩佩真等诸方面，有惊天绝学。

先生少时机遇殊异，先后曾师承十数位高人，其中多为隐者，为其传法授业。先生得诸师真传，秉承正宗。四岁即随先范习字，其后遍学传统文化之文武医艺诸业，精研诸家功法，数十年精进不辍，技艺良臻，修真有成。

先生广为人知的身份是武当太乙铁松派第十三代掌门，而鲜为人知的是先生还是少林老祖飞龙宗第二十六代掌门、雪山飞龙派第九代掌门、武当先天太极第十八代掌门、张三丰龙行大草武当天龙神剑第九代传真、武当真元玄宗丹脉第九代（武当真元内脉丹法）掌门、龙虎堂二十三代主人……先生"得道之精微，佛之广大，儒之至极"，实为明代九脉合真的嫡系传人，是"中华魂"法乳育就的一代宗师。

先生慈悲怀仁，无一毫为己之心，隐然以天下重。一生教授弟子学人万众，躬行垂范，著作等身，使传统文化的精华得以延续，泛波寰宇，为中华民族传统文化地弘扬，为"中华魂"奉献了毕生心血。先生一生立身行己，生活简淡，不近货财，清操坦度，返朴归真。先生常年客寓他乡，秉笔荷担，奔走疾呼，足迹纵贯南北，遍及海内外。面对诸般磨难，刚毅坚卓，未尝稍懈，风霜摧磨，穷且益坚，正所谓："流连颠沛而不违其仁，险阻艰难而不失其正。"先生不懈的努力之中蕴含了对宇宙万类的无限深情，如其在《翰墨缘》一书中所言："愿修真丹家的长生真慧，武林宗脉的神剑真锋，书家的龙泉秋水，结成人类的真如，通向摩天真境的未来，在大定的寂静中升华，超越茫茫的宇宙"。

先生德望之隆重、功业之显著、惠泽之深厚，堪称近现代统领文武二坛之人物，慧悲万类之一代宗师，弘扬五千年"中华魂"之楷模。

先生诗曰：

山人已臻大道全，六法真如合大千。
羽化应随明月去，留得玄机任人参。

云雷旧迹隐龙虎

先生幼年工习旧传，遍诵诸学，十三岁受教于武当太乙铁松派十二代掌门阎政昌先生，栖止江城，精勤潜修，寒暑不辍。

先生宿根深厚，心怀至诚，尝于逆境中刻励精勤，数十年间又先后受教于先天太极十七代雪山飞龙派蔡祥先生、龙虎堂二十二代马成令先生、松花湖隐真吴和老人、长春般若寺澍培法师、金刚上师仁祥法师……十年"文革"，风烟遍地，先生甫逾弱冠，霜枫为伍，明月为伴，弃隐世缘，文武课业日月相催，精进不断，修真有成，承续诸宗法脉衣钵。

先生开蒙，始就伯父李秉真习描红课颂、内功笔法、影雕绘画及坐课之学，后入塾从师高永昌（笑尘）先生，继续学习诗词赋律等传统学知。

七八岁起相继受教于年近百岁的蔡老、胡简文老师及江南树林隐贤九老，诸公每日都于松花江畔打拳练功，余时设教为先生讲授国学、书道、内功等。十三岁时先生正式受艺于武当太乙铁松十二代师尊阎老学承国术之学。阎老曾以世则留谕"没有三绝在身，不能说是武当传人"，并以所承继之少林、峨眉绝学授以先生。后又经黄康庆老先生介绍，拜见了武林隐舍龙虎堂二十二代马成令老前辈，马老授以"仙逸"之内功法诀。因为凡属龙虎堂的后人，须以内功入书，才能双管齐下，即"有人能书龙虎迹，双手同工笔墨翻"。是时，兼学雍和宫密宗正传、龙华盛典、考古、鉴赏、金石、三教经典、笔墨丹青等国术。除这些国学的遗老隐真之外，先生亦得长春般若寺最后一代受皇封的澍培法师地眷顾，承禅学真传；及"文革"十年风雨期间，得到金刚上师仁祥法师之藏密心传。"文革"后期，又受教于真元坛第六代纪忠柏先生，承先天统元真脉。是时，先生开始整理师辈们留下的残本珍文、谱文、奇兵、演阵、行功密持等内容，揭开传统宗风之密学，渐成为前辈的同音。

先生所承习之"一脉真谕",是数千年华夏先贤不懈探索和实践的经验总结,是中华传统文化臻于历史性高峰的划时代产物,是数千年间中华文明绵延发展的支撑力量,是"中华魂"之精髓。如何使其为人类造福是他永恒的现实意义,也是先生夜以继日,倾注心血所寄托的希望。

因时代的风烟,历史的变幻,正宗的学术内容隐于石壁洞天,不为世人所知。先生遵师嘱,于20世纪80年代初期,开始挖掘和整理濒于绝传的丹道武学,喻为"宝阁金门开,妙廓清玄生"。

1984年万轮甲子启超元之际,先生遵师嘱以武当太乙铁松十三代掌门的身份正式出山,走向社会,开始了一段新的作为,将封隐数百年的"一脉真谕"公诸于世,广为弘传,造福群生。

故国神游全旧梦

先生涉足探源十余年,遍寻圣地,山川历途,求索民族精神。先生为续旧缘,追昔思贤,留下了无数的笔墨,使曾经播撒海内外之中华封真五百年的灵性文化重新凝聚,再放异彩。

1989年,先生和师妹李淑珍先生在海南创办了"海南真元武当国术院",开始尝试将"集中华民族传统文化于一处的国术修真"引入规范的学校教育,亦是武当传人为实现三丰祖师"驰剑南天"的遗愿而做的努力。

1986年先生应国家体委杨亚山先生邀请,以武当正宗的身份出席了首届武当山散打擂台赛,向世人展示传统武学的风采。先生依照旧律,将珍藏孤本《白鹤真人飞鸣图》留给《武当》刊出，以应他日之约，以慰同道学友，共赏久隐武林之丹功秘本。同时登上金顶，朝见真武大帝，一览天下奇雄，了却武当朝山之夙愿，把《飞鸣图》总谱留在祖师灵前。是时，为念真武大帝与三丰祖师，先生写下联语：

大道演龟蛇，长存灵犀同日月；
金锋伏龙虎，初化阳神共古今。

现武当山博物馆存有先生的手迹。

1987年先生为撰写《真元窥密》而来到山西永乐宫考证古迹，身临吕祖仙苑，为寄怀思，写下了题永乐宫联：

三界高渺，金丹玄化示真吾，大道古今注玄都。玄天呈象，一气冲腾，鼎炉开时喷白雪，可见密法显乎哉；
大千浩瀚，飞剑神游养太合，圣教圆通证元明。慧海应真，万法融汇，灵胎结处展黄芽，始知妙律隐之也。

1992年3月，在南日本鹿儿岛·樱岛活火山游览地，先生触景生情，即兴题联：

灵尘曾避日；
烈焰亦吞天。

此联经装裱后悬挂在樱岛，供国际游人瞻仰。

赴日期间，先生进行了多方面的讲学与交流活动。曾应日本密教研修会、日本气功协会、日本气功科研所邀请，到成田、关西、南日本等地区讲授中国传统文化中有关儒释道之修持、养生史理法、丹道、武学、书法、汉诗、医道、外丹、饮膳、服饰、民俗、祭祀等诸方面的专题。同时也从各个角度考察了日本民族的传统文化艺术与中华传统文化的渊源,对日本民间雕刻、脸谱、茶道、花道、陶瓷、舞蹈、饮食文化、武学、祭祀等都进行了深入的了解。先生在考察中华传统文化源远流长的同时,为更深入的中日文化交流做出了贡献。

先生深明易理,通达佛法,在日本成田山观密宗不动明王法像与般若神锋真形,追思当年惠果传空海,成东密一脉。先生感天垂之象,起法先天,做《真如明月图》画弘法大师空海玄像,重宣密法,法传东瀛。这些法像及特殊的装帧方式,已经成为文化珍品。

先生长住东京期间,应邀在东京佛学会馆讲"戒定慧"三学,亦曾考察东密一脉的沿流,并讲叙密法宗传所涉脉源分布、传承、教法、仪章乃至转轮九顶之承习。上溯千年《雪山密持莲花概谱》之嫡传,下涉海外诸宗诸法之脉演真华。先生还应日本友人之邀讲述《修真图》,可以说其是科学系统地讲解《修真图》之当代第一人。

灵性文化身处文化学术的前列,是对人生性命、思维意识等学术领域的研究,也正是先生著述中要向人们叙说清楚的传统文化的灵魂。先生作为这方面的权威人士,曾与陆祖荫等四十六位专家学者共同受聘为中华气功进修学院专家委员会委员,后又受聘为北京教授讲学团教授、人体潜能研究所副研究员,进行了诸多的学术交流与研究工作。先生多次代表国家在国际神秘学与科学研讨会上,与国际友人进行研讨及高层次接触。这些内容已超出了世人对传统文化的诸多探索，而属于人们有待进一步认识的领域。1991年先生参加泰山中日传统文化交流会期间，日本学者从灵性角度论述了"大和魂"的核心内涵，并相应提出"何为'中华魂'"的问题。先生对此做出了圆满的回答，深入阐发了中华魂的根本思想，获得与会中外专家的认可。

在这些国际交流活动中，先生以他博大的胸怀，丰富的学识，在很少有人涉足的高层次学术领域留存下了佳话，他的风采深深地铭刻在那片山川之间。

一片玉章见华昭

先生天资俊朗，性行笃厚。少时得高笑尘、李秉真等先辈传授内功、书作、绘画，长日临池，通读古今，工习六艺，冒寒涉暑，心不退转，几经丹青墨海，其书画技艺精湛、巧夺造化，或清俊刚劲，或秀丽多姿，或凝重浑厚，多表现出意出尘表的个性与气质。先生金石造诣深厚，刀法与笔法相渗透，行刀如笔、别具神韵。先生画风飘逸，作品空灵蕴藉、丰神流丽，内含生命自然的哲理与智慧。

先生书法出自馆阁，承宗风古法，且书格多变。折带飞白贯彻其中，有吴带当风之飘逸、盘钢截玉之雄健、高古游丝之灵动、润含春雨之丰腴、干裂秋风吹破竹之枯涩。

先生真草隶篆诸体皆精，字大可如幛、小可如豆。蝇头小楷清雅俊秀，巨字榜书，一笔横龙气势磅礴。先生擅写高堂大轴，其形神与明清古风无异。绝技除手卷、联轴外，竟能一次书写四或六尺幅"龙""虎""神""佛""寿"百余帧，诗文随书一气呵成，书体有石鼓、古隶、金文、大草等，无一笔虚败。

先生文络有脉，儒书以"心正则笔正"为基，上宗钟王李素，下袭赵董支脉；玄书近学白玉蟾、蒲华，远溯吕岩、三丰祖师。龙行大草得自马成令老先生"仙逸"之传，承白云上人书诀一脉，与王右军同出黄庭一宗，与天龙神剑合真，融武学、禅悟入书境。

先生武学精湛，能以丹力入书画，其书作炉火纯青，双手吊腕，双管齐下所书"龙虎"二字，堪称一绝。"先生精于文人三绝，以雕虫小技、壮夫不为之刀作，仅一上午可治巨印（十厘米方）七八块之多，刊石边款信手而出，可见刀笔扛鼎，非前人虚说"。

书画同源，先生亦精绘画。人物、瑞芝、山水、神真、佛像诸种意境悠远，清新隽永，开一代宗风。"画中十三科，最难为人物"，先生绘画尤以人物见长，写神真仙兽，画风颇古，对人物的刻画，一洗习俗，立意高古，仙气常伴，画毕诗随，顷刻立就。

书画界常说"学画易，学文人画难"，因传统文人画须有文人三绝。先生的作品诗书画印浑然一体，气质超群，真正使人们体会到传统艺术的博大精深。中国文人画成形于两汉，成熟于元明，内含由诗书画三绝扩展为诗文书画印拓六合抱一，浓缩了数千年华夏文明的审美情趣和艺术追求，是东方艺术的精髓。先生以他深厚的经历与修养升华成的图画，成为中国传统文人画的典范。

先生之作品多臻神境。董其昌《画禅室随笔》中有："所谓神品，以吾神所著故也"。先生书画即以神意相感，寄于毫端，具有振动身心的力量，有内功修持的人可以见到先生笔不至而神至的痕迹，即使常人亦能感知其书画中因神意所注而散射出的光芒与力量。常观其书画，身心受益。反而言之，其书画对练功爱好者，亦常有意想不到之妙。

先生才思敏捷，满纸云烟顷刻即成，行文题诗援笔立就，作品深沉简练，翰逸神飞，让人如临其境，如闻其声。随着人们对书画艺术更深的认识，先生的中国文人书画已被海内外越来越多的人所瞩目。先生曾几度赴日本参加亚细亚美展（第二十八届、第二十九届、第三十届），其传统文人书画以特殊震撼力，广为海外人士收藏，如《钟馗清宇图》为日本安田信托银行山口吉雄会长收藏，其精品书作是日本身曾岐神社的永久收藏陈列品。一位本友人赞誉先生"是武学家、书法家……李兆生先生（号真阳）秉持中国传统文化宗风脉传"，"先生书法端庄、典雅、凝重、刚毅、雄浑、古朴、洒脱、奔放，于不均衡处现均衡"。东京电机大学曾为先生书法作品作了科学测定——证实了先生书法艺术震撼人心的真实力量，也证明先生"书法对环境物质产生了微妙影响"。

1997年在"首届中国（天津）书法艺术节"上，书法界之前贤天津李鹤年老先生这样评价："兆生大师雄踞吉林，名震扶桑……贻我巨著，《声律真诠》《真元宝笈》《翰墨缘》与法书。博涉深邃、才富五车，更精内功及剑术，至于书法遒劲浑朴、灼见真知，犹其余事耳……"1999年在广西举办的"中国文人李兆生先生翰墨艺术成就展"中，年越耄耋的书法家陈政评价先生："画好、字好、诗好，印更好！"南国国画雕塑艺术大师、艺坛巨匠朱培钧老人认为先生"真正领会到中国传统绘画的精髓，这个时代已见不到这样的风格了"，并请先生刻一方"净化人生"之印为念。

文物鉴定权威人士杨仁凯先生在哈尔滨的一次拍卖会期间惊叹《翰墨缘》："真乃神人所为也！"

先生把对生命与自然的深沉挚爱融入作品，展纸挥毫，畅情于笔墨丹青。先生的《餐英图》取材道家养生，以人物颜面上的色彩表现丹炉闪耀的火光与修真之士的仙风道骨。传统道家以积极的心态、丰富的学识创造生活，完善自我，将人的身心与大自然共融，走真实的健康之路。此中包含陶弘景、孙思邈的龙虎大丹和道家通俗读物《黄庭经》之学术思想。这种"渺渺大千赏真华"的境界早已超越了儒家的"采菊东篱下，悠然见南山"的田园生活。

在"首届中国（天津）书法艺术节"展出的《海屋添筹》中，先生笔下的寿星，手执信香揖在胸，发髻飘散随海风，巾衫、飘带、袍袖在风中翩翩飘舞的风姿，令人神往。画中老神仙正前往传统神话世界中的海上仙苑，为人类的健康而祈祷，寄托了先生对全社会、对全人类健康长寿的美好祝愿。

正如画中诗文所云：

荣登寿域感瑶天，三星高举朗真乾。
一筹天尊金钟响，再筹法脉延华年。
宝彩灵犀开寿域，天真法华聚金仙。
正值丹青留神彩，潇洒天光不计年。

黄钟大吕唱长春

先生才华横溢，学识渊博，著作文章以诗人的眼光，以画家的笔触，将心中蕴集的文理情思描绘出来。其文字深蕴智慧，至广大而尽精微，卓然超世。唯感于人事消磨，岁月迁延，传统文人之脉学式微，先生争暇持毫，摇笔畅真，将传统文化之法乳传诸笔墨，翻成文章，以期广博宗风。

先生诗文意在言外，有景有情，将自身的神思情感融化于诗。仁者归真纯朴色，先生天真率直，心地皎然，文字不假修饰，其文辞造诣在他写下的各类楹联中有深刻的体现。

1992年吉林市在举办雾凇冰雪节时，先生面对凝云飞雪，层冰峨峨，心音振动，畅思神州故国五千年文明脉传，为念先祖，为怀故人，为后来者写下了1692字的《题吉林雾凇冰雪联》，后争暇添文续作为14782字的《万字长联》（又被喻作《一万珍函》），乃是前不见古人后不见来者之作，堪称古今第一长联。此联语心灵与笔峰相通，文理情思倾泻，似野鹤翔空，幽兰剪石。且对仗之工，风韵之雅，令人惊叹！

《万字长联》其中所涉：法境摩天、寰宇性海、珠彩金函、烟霭玉篇、北斗东宸、南薰西泽、金波蟾光、三乘九转、仙客神真、丹砂玄机、金阙瑶台、诸天万法、浩渺混元、圆通灵鉴、密谛恒心、贝叶金莲、仁旨法谛、金锋剑气、人爻文韵、人间天真、月华旧影、碧云红蓼、芳魂玉容、瑶草琼峰、神兵金械、三品三昧、众灵众源……是五千年文明灵性之史，是亿万年真元道妙之鉴。

为让更多人得到传统法乳的哺育，先生从蒙学教育着手，又完成了《真阳对韵》的创作，与《万字长联》合订为《声律真诠》一书。传统儒学早已将太极阴阳与文字内涵相交融，在声韵律唱咏中呈现阴阳之命蒂。《真阳对韵》则是继《笠翁对韵》《声律发蒙》等传统韵学启蒙读物之后，先生在诗词格律方面真功实力的又一力作，其中《真阳对韵·卷一、卷二》采用《笠翁对韵》的平水韵部，而《真阳对韵·卷三》则采用《声律发蒙》的韵部。其合两部韵书于一身，且对仗工整完美，属辞新颖，能发前人之未发之幽，宣前人未宣之情，以期广博传统宗风，就蒙学而外的境地增添了新的色泽。

正如一位学者在《声律真诠》札记中写的，"李真阳老师以海阔天空的气势展开长联，洋洋洒洒万余言，笼天地于形内，挫万物于笔端。畅三教、论古今，全篇活脱脱一本《周易》。所谓'文章本天成，妙手偶得之'"。

先生才思敏捷，诗文联语常脱口而出，信手拈来。1999年参加"广西桂林首届民族文化艺术品博览会"期间，先生感桂林山水之大美，曾一气呵成创作并书写十六幅六尺宣之《桂林赋》。

2000年岁末，先生更是在三日之内为京北名刹红螺寺书作了其创作的百首禅诗，禅境诗境浑然天成。

先生创作宏富，除大量的诗作、楹联之外，还包括功法谱文等。他将诸种多彩繁博的内容均体现在律例诗文之中，升炼而终于太极，还原太虚，回归自然，是从天垂象的启示到易演天下的诸种作为。

同时，先生还通过其作品向天下有情叙说了传统声律持颂吟咏之法，阐发宗风之以音弘法，灵真神化，来震动人身经脉、脏腑、心神、颅腔，使灵性得以弘达，律彻人天，以声律唤起人们的本来天真，化神为气，皆是天地之正气与人之音声之体现。

先生在诗文方面远超俗识的精绝造诣，又给人们打开了一个窥测传统文化灵魂的窗口。

万法真如演大千

早在远古的图腾时代,中华民族的祖先就已经开始了修真事仙的追求,相传黄帝曾问道于广成子,终于实现了白日飞升的理想。降至秦汉,神仙学说已在社会上普及开来。汉代诞生了被誉为"万古丹经王"的《周易参同契》,说明当时神仙学说已经有了具体的实证思想和手段,修真事仙推太上为祖。汉唐之贤侠剑道至宋元而列九脉,历来师沿宗流、倡武学、兴丹道而隐居山林。明朝九脉合真是修真武学的鼎盛时期,统一了数百年来武学与修真在学术上的分歧,九宗合为一脉,留下《武库遗真》和《九宗汇元》两部惊天动地的著作,从而使万法归宗,万乘如一。在龙虎堂上留下"一脉真谕"传世,亦名"三界修真法,万乘统元功"。其功法殊多,均系圆融三教之上品、理法透彻、独具一格、使人耳目一新。这些学术真华曾经几度封藏石室,内容深隐,在武林中嫡传,留下千载云烟。

1984年先生出山之时,正值沉寂的传统文化在中华大地上复苏兴起,开始为更多的民众所接受。宗风脉传作为中国传统文化的核心与精华,其应时而出之举,更推动了传统文化的传播与发展。"国术以此为真,造化群众,开愚迷直指光明,摧肜云复出日月,'千古精魂惟此道,三昧造化天地心'。夫人长思于道,造尽寰中之象,指开玄机之数,大道仰真乎"。

1995年春天,先生沿袭古老的传统武林旧习,把"真元修真法"贡献给社会，造福于人民，作为武林正宗对社会的报答，就像五百年前武当派把太极拳贡献给社会一样。应中央电视台的邀请，以"真元养生法"为题拍摄了十三集《夕阳红》节目。同年6月，感于当前人们传统文化学识的欠缺，又以"神兵武库"为主题，拍摄了《中国风》系列节目，以宗风学识讲授中国传统文化、武术生活的常识及隐真。

2001年应时代的变迁，先生于武当山丹江口开始以"丹经武学"之名传播"一脉真谕"的内容。

丹道武学之为，留有千古遗脉。丹道乃顺天呈象，合于天然之道妙；武学则系于丹道，而行"修真元以通玄籍"之为。西晋时抱朴子首倡"内以养身，外以祛恶"的观点，三丰祖师在此基础上提出了"内执丹道，外显金锋"的修持指导思想，将完整的丹道修持寓化于武学的内功拳法、剑法之中。太极拳尊张三丰为祖师，乃丹家外形有术之操修，只有将太极与丹法合参方能称之为真正的宗风太极。先生承继六脉太极之法脉，对内脉循经亦有精研。

当年三丰祖师以得佛之大、儒之极、道之微的博大胸怀翻少林而创武当。宗传的武当嫡脉已有少林的传承，此亦为三丰祖师化刚猛为柔和的遗迹。先生以童真入道，少幼经师亦曾得少林之宗传，先生在诗中叙说道："少幼经师习禅宗，数十年来苦用功。初学顿觉神气爽，扶佑万类有圆通。"如众人所知，先生的武当铁松功夫得自阎政昌老先生，但少为人所知的是，阎老乃家传少林。除师承阎老少林之学外，先生亦曾师从澍培法师修习禅学。

九脉合真之前，少林为武林九大门派当中一大宗流，同武当一样享有盛名。中国武林，素有"北崇少林，南尊武当"之说，但少林武学之尊并非以拳打天下，而是因为它在武学中融汇了禅机的司化。明心见真如，不仅是禅宗的理想境界，也是少林武学的神魂精髓。

先生不忍真宗沉埋于流沙，审时度势，复将少林禅宗武学重现于世，揭以武入禅、武禅合一之境地。

先生密宗的修为亦深不可测，其学承继融汇了三支密法，一支为传自藏地的显密圆通之法；一支为延源久远隐于武林的雪山飞龙派密法，由唐代贤侠剑道中武林之尊者，融密术于武学修真，开创雪山一宗，示之武林；一支则是雍和宫的宫廷密法。先生于1990年（庚午年）开始以《雪山密笈》传宗，初露雪山真谛，使世间法律参真，宗传密律，法秉真宗。

先生承袭之"一脉真谕"囊括了五千年上下之精神文明，其操修宗承纵横九派、断代五百年之宗风血统。先生对儒释道三大流宗都了如指掌，有切身体验，有深入的研究，实乃丹道武学之泰斗，"上可承启千古先贤之哲道，下可以统元传世示之后人"。

养真泛武翻作拳

先生作为武林宗风中一代宗真，深谙人天合一之理，对人体奥秘之学，亦探索有年，有真知灼见。特别是太极一脉，自幼秉承宗传，历经数十余年，寒暑无间。

赴日期间，先生有感于太极拳在日本的盛行，并闻"十年后，学太极拳到日本"之说（1983年，铃木大拙在联合国向全世界宣布)。民族的自尊心、历史的责任感和使命感使先生决心把太极拳的真正内涵贡献给世界人民。在日本初示"青龙出水""太极云手·吴带当风"等隐秘，昭示太极拳的根依然在中国。此后，先生作为先天太极拳十八代掌门，为继承发扬太极宗风，耗时六年完成了八十万字的撼世之作《中国太极拳统真大典》。该书"以其举世无匹的文言武举展示了嫡传真宗丹脉的脉流叙说，给面对众多太极学说而感迷惑的人们以衡准之判据，使太极拳的研究家们更新认识、接受真实，给修真者提供一个前进的阶梯"。同时为太极拳学术的健康发展开拓了坦途，亦是响应国家号召，为全民健身运动的广泛开展提供了良好的教材。

然，社会广传的二十四式简化太极拳却颇多弊病，正如丹医泰斗周潜川所言"简化太极拳，虽是精华，但是只打架子缺少运气的内功，是不够的。同时建议各家指导太极功的老师们，精研改进，把改进的总结，贡献给党和政府的主管机关，以供作综合钻研的材料……"遗憾的是"降至近代群贤辈出，传播日广，各有见地各说各理，加之年代久远，越传越谬……"（关亨九《武当修真密笈》）。却始终无人能赋予简化太极拳以运气内涵，更何况气血循经乎？的确，非有宗风传真和高深武学，不能洞察人体气血经脉循环的精微之处，不能使二十四式简化太极拳合于内脉循经、形成运气的内涵。

先生内功炉火纯青，洞察人身中二十部经脉阴阳交汇如掌上观纹。深知"经络决生死，别阴阳"之理，当经络循行失度、有悖阴阳时，重则犹如大病在身，并可能危及生命，乃决心赋予二十四式简化太极拳循经的内涵。

在将一招一式转化为循经的过程中，先生时时因经络循行反常而严重影响健康，饱受阴阳失调之苦。众多弟子因担忧他的健康而纷纷劝其放弃时，先生以慧悲万类的博大胸怀，甘冒生命危险，以惊人的毅力完善着每一个动作。因二十四式简化太极拳动作不能大变，所以只能从循经动作的精微之处变化，使其具有循经的内涵。世人很难想象二十四式循经太极拳编创的艰辛。历时两载春秋，二十四式循经太极拳终于诞生了。

　　先生依旧律为二十四式循经太极拳写下了《操演谱文》《内脉循经谱文》《武学概谱》《全体大用诀》，并亲自拍摄了二十四式循经太极拳的完整操演过程。使后学之人在操拳之余，领略中国循经太极拳所具有的宗风神韵。

　　2000年以后，先生在武当山先后举办了六期丹经武学专修班。自此，中国循经太极拳二十四式开始走向社会。

　　如今，太极拳的种子遍撒世界，先生秉承三丰祖师"欲使天下众英豪益寿延年"的遗愿，将循经太极拳奉献给社会。它改变了泛传太极拳没有循经内炼的面貌，为广大人民群众提供了更科学的锻炼方法，这在太极拳的发展史上具有深远的意义和影响，先生也无愧为循经太极拳之父。

医道有情执金针

　　自三教而后，多少仁贤圣哲详辨天地，法阴阳而造律，度化人生，以尽穷自然之妙有，融通地我人天，意在享天年。时养生、吐纳、导引问津，发草木花真，天地阴阳唯为人用。取针石、灸火、汤药、食饵复尽医道。又有巫神言传天地幽微变幻，将令仙传。是以医家的学识在理法上并不是孤立的，而是与其他学识相并蒂。在宗风脉传当中把握着这种合于人天的途径，合于天行健的轨道。历代医家名贤大哲，莫不是修真的贤者。唐代孙思邈伏龙虎，济苍生，以丹医入道，千古尊称"药王"。

"为医弘恻隐慈悲善念，是修真学仙中'利他'原则下产生的行动。这种行动古人曾喻之为'三千功德'。所以济世渡人，弘传医术，广积阴德，是天下修真者之仰敬的风范。这种修真的理法在修真的队伍中延传，仁慈的医学方技则广泛传之于世"。丹医大师周潜川先生留下了《气功药饵疗法与救治偏差手术》，使后人得窥丹医之鸿影。

先生得师之传，"欲使天下众英豪益寿延年"，亦将救济病苦作为其出山的第一步，与师妹李淑珍先生一同开始了治疗先天聋哑的尝试。先生根据古人在太乙循经、内景飞灵、自身成真的过程中，以内景隧道排除结滞的方法，探索总结出《内景气化八法》，并应用于临床的诊断和治疗，三年中接治五千余例聋哑患者，总有效率达到84.08%。

1988年吉林省科委在北京组织召开了成果专家鉴定会，中华气功科学研究会理事长国防科工委张震寰主任、前卫生部中医局局长吕炳奎、国家科委丛处长等领导同志到会指导鉴定工作。由北京十多所各大中、西医院耳鼻喉科专家教授讨论通过了"气功治疗聋哑临床研究"的鉴定报告。认定"该课题是新颖的，课题设计是合理的，治疗耳聋八法有独特性，应用电测听，统计学处理，有一定科学性，所取的数据是可信的，观察结果显示，该治疗方法是有效的。"内气在临床应用首次得到认可，并取得科研鉴定成果。从此打开聋哑治疗的禁区,填补了一项医学领域的空白。

1993年先生在北京海淀走读大学中国传统文化学院担任教务院长期间,还开设了"以道成医"等课程,并留下了《医宗慧照心传》《以道成医》《中国丹医内疗神术》等衡真法本,言丹医脉络梗概洞真,愿后学法第众贤,有本所依,有法专修,使人颐养天年。先生于数十年的课徒授业中,亦将丹医一脉延流传宗,实证了以武入道,以道成医之途不虚也。

先生少时有诗:

医为艺海第一门,千古知遇不可寻。
未使水火会合处,怎识阴阳是此身。

火工迟迟周大甲

古人认识到人需要水谷滋养先天元气之过程,同时也深入地探讨如何去组建合理的饮食结构,如《素问·脏气法时论》云:"毒药攻邪,五谷为养,五果为助,五畜为益,五菜为充,气味合而服之,以补精益气。"极力主张药、谷、果、畜、菜配合以治病养生。是故修真之士皆重视服食之用,修真中的"食饵、药饵后演化为外丹,很少在外流传,鲜知世人,绝于世上"。

1996年,先生率徒子法孙沿袭五百年前老中华餐饮风格,建立了李真阳餐饮店,使古老的服食饮膳重现于社会。传统的"中华老味"系列有:九大名山十方丛林荤素菜肴、传统药膳、密传在宗风中的饵茶丹酒。

先生创办"中华老味"餐饮事业,是把起自远古秦汉、封真五百年之服食餐饮推向社会做出的第一步。先生在店中挥毫写下了"紫蒂金浆引仙乐,黄钟大吕唱长春""千祖参贝叶,大地涌金莲""三清佐菜、餐饮仙厨、烹蒸筳做、琼浆玉液、芝品金汤、清雅小酌、饵膳粥食、细烹三昧、六清不易、筳升羽客"等诸多文字。先生在传授餐饮之余,将菜肴亲自拍照,并将这些内容付之笔墨,以待时机付梓出版。

先生不仅精于菜肴制作,而且对餐饮中礼仪文化也颇有精研,在课教中亲自示范窜盘走桌,传授老中华餐饮格局,并板书次第。走桌窜盘,谓之"中华老味"之酒保,托盘上送菜肴,巡回徘徊在庭堂之内。诸位诸次有次第上下,分顺逆,序老幼,别尊长,礼仁风之为。走桌而形成风格,餐饮中将残羹移下,清品继之,为窜盘,此成风彩,形成专格之学。行走之时,五指张开,手臂置于肩头之上,平托托盘,此乃凌霄穿云掌;手臂置于胸前,乃为云雀势,随手法的变换不同,又演至仙人托盘,还有迎风换掌、童子迎灯。在传统艺业中,举手投足皆有功夫。"金刀三十六劈"为传统刀法,如柳金丝(高古游丝、金丝铁线)、削铁截(钉条丝沫)、飞云推(兰片、棱片、云片、海片),是仁真英侠隐绝学于餐饮之中的作为。完整的学识,真实的操修是艺业之真的钢筋铁骨。

餐饮之中有外丹之为,菜肴以阴阳五行而配伍,循先天之灵真,应后天之慧化,纳之以身。

传统餐饮分为六大类:血肉品、草木品、菜蔬品、灵芝品、香料品、金玉品。

传统水火杵磨十大项目:糕点、酥酪、膏露、清蒸、红烩、粉蒸、烤炸、溜炒、腌熏、焖炖。

　　道家服食药（丹·升降炼转，药·丸散膏丹汤）、饵（服食营养，营养五行配方，烹饪、刀花、手做、火侯、料伍）、佐（小菜、粥、膏、点）、饮（六清：水、浆、酱、醖、醇、醴）、仪（表、境、服、具、陈、饰、装、嵌、镶、做、次第、品位、行程、亲疏、贵贱、先后）、礼（以姿见品）。

　　先生秉承丹道家密传，按照传统阴阳五行配伍，采用灵黄、珍珠粉、琼阳汁、冬虫夏草、肉芝等名贵药材制成了琼阳玉芝、琼阳玉液、琼阳玉瑞、五月红等丹药酒，饮用此酒直入丹田，可以大补真元，爽神醒脑。又以碧螺春、雪山飞龙、月魄蟾光、冰片、珍珠粉、西花、灵砂、天山雪、珍珠白、月满轮、玄砂独龙、闭月金针等原料制作了天山白雪、雪山飞龙、雪山樱红、盘龙飞雪、日月合璧（太极双花）、三星高照（三花宝彩）、白虹贯日（三台白龙饮）、独龙丹、太乙神锋、玉海冰轮、金香冷艳、玉壶香等独特的清灵茶饮。这些茶饮具有活血化瘀、明目爽神、止咳生津、益肝提神、养阴壮阳、温中除湿、宣通水土、开胃健脾、增强记忆、养元怡神、舒筋养心、安神醒脑的功效。

　　道家饵茶又称万灵如意饮，是先生秉承宗风，向世人畅说道家的丹药服食之饮膳。饵茶按旧说是修真之士坐洞闭关，"不食人间烟火"，行之于桃源，修真养性必备之物，乃秘传仙方。饵茶，集自然之物类，按之三才纳自然之灵真，相与配伍，四季所应之物不一相同，环境地点不同，所列之品类亦各成风姿。现用春夏相交之际所用之类予以畅说，其原料为：藕粉、芝麻、核桃、花生、冰糖、莲子粉、枸杞、果脯、马蹄粉、百合粉、人参、茯苓、紫石英、黄精、玉竹、寸冬、西洋参、珍珠粉、桂圆、海金砂、草乌、黄芪、松子仁、珠母、木耳、银耳。饵茶为道家所研之外丹之品类，化合人天，纳甲归真，其功效甚著：清火爽神、补肾健脑、除湿利水、宣化肝脾、润肺止咳、增强记忆、脱疮生肌、凉血美颜、润安脏腑、消食化气、温合阴阳、如意延年、房室心疾、神损暗亏、五劳七伤、久饮大补、消臃减肥、健身美容。

佐食与餐饮也像修真与武学那样在宗风中流传，九大名山十方丛林的大德高真曾留下绝响，紧守洞天，五百年中形成独特的风格。混俗者为荤，清静者为素，这样一荤一素孕育了饮食文化的生命。

"济世渡人，积德行善，共结善缘，共成佛道"世人久吟成习，"万善同缘"是人们所希之事，先生创办餐饮事业亦说："半积阴功半修德，半经武法半延年"，这也是先生课守宗风，紧守洞天，继文武课业之实修实证之后，所走的又一条真实不虚的路。

天人造物呈规矩

天地之道，以阴阳二气而造化万物。不仅万物，世间之百艺诸作，亦莫不以之为律，也均是无形之道在有形之百艺诸作中的体现。先生昔年曾先后就职于吉林市工艺美术研究所和吉林市陶瓷研究所，在著述之余，应广大修持者的需要，亦组织力量，把部分九脉合真留下的洞天藏真现形再造，贡献给社会。这些珍品属于当年封真的故物，如今石壁洞开，重又弘传于世上。过去这种吉祥物类的流波，亦是前人在当年修为的涉猎中泛化于俗留下的影响。

以《传统丹道家饰文艺术》而言，这些人类灵性的文化表示，仅只是向天下有缘展示一个生命的萌芽。在完善自我的修为过程中，回顾《易经》"与天地合其德，与日月合其明，与四时合其序，与鬼神合其吉凶"之物语联想，灵性文化也在人与大自然相合鸣而产生相振，感而遂通。

先生制作出部分武林嫡传封金挂印谱文、七星尺、天符地节、桃镜、日月感灵印、偃月蟾光仪、摩天蟠龙神火剑、妃环杖等法具、镇物、兵器。按传统规范，这些法具镇物虽原料难得，调制时日难遇，但亦精益求精，使这些传统文化的瑰宝真正能造福于人类。

1994年夏秋相交之际，先生与学人弟子以精美绸缎装帧功谱四函。谱文作为宗风脉传的一个依据，重传于后世，是修法的必备之物，其中凝聚了前辈真尊法祖的修为、智慧与毅力。谱文册页是用旧传封金挂印的办法装帧的，保持了封真前的面貌。首页左侧的"统元楼藏真本"题额与右侧的封金印符，为先生精心刻制的木版水印，其中剑符为朱砂水印，蕴含了人天合一的震撼力。

以第一函刊印的四本谱文为例，内容如下：

① 太乙元明灵真赋
② 太乙修真元明密持谱文
③ 雪山飞龙派·圣赞莲花密持概谱
④ 少林真传法谛·老祖飞龙派神授概谱
　　　　　　·老祖飞龙铲八十一趟神授谱文

"'天符地节'则是道家特有的风貌，古人认为自然界中的某种物象，经过特定地加工以后，可以具有某种特有的力量""如按旧说丹道家的诸多层次的专持都离不开'符饰印信',其物统以'龙牌、虎符'而冠之"。修真的大德仁贤在专修的过程中,尝以桃木,制为"天符地节"刺血佩身,制为"桃镜"以澄庭堂,裁桃木桃髓陈设室内以寓祯祥,涂敷灵砂外丹,以雄黄珍珠为眼开洞玄,施之有法,行之有术,以供修真,以设坛台,以仰天真。

此物类的制作,颇费精研,受干支、气候、季节的限制。先生亲自指导研制出少量的"桃木"和"桃镜"。这种桃木,有其专修的研制过程及使用方法。是以甲戌年三月三日所采的雷击桃木,于甲戌夏甲子的子、午二时,经过水火锻炼、外丹处理而制成,十分难得。

习禅者于诸佛之像存之在心,观今之佛像多见之华丽,失之端祥,先生不忍令此艺蒙尘,遂示以佛像造艺,留于后学。其独特的造像艺术尤以"金光佛"为典型代表,佛像面容清峻祥和、比例匀称、线条流畅。经过封金、挂印、装藏、开光后,内外合一,产生一种化合效应,使佛像真正地具备灵气。特别是装藏,按宗风来说,当为十玄大藏。其诸般作为,有别于世,展现出特有的艺术风姿。

先生在日本成田山见到密宗不动明王法像与般若神锋真形,作《真如明月图》,画弘法大师空海玄像。这些法像在日本以特殊的装帧形成了文化珍品,而那些专门研究佛学的专业学者出于对佛的敬仰,将其作为供奉本,同时还有课颂本与袖珍本。回国后,先生把这些内容按照古老的方式,专门制作出一批法物造像,续《雪山密笈》之传。

其中不动明王手握之剑为"摩火剑",在中国的武林脉传中将其称为"摩天蟠龙神火剑",武当剑学取名为"天龙神剑"。"摩火剑"可以用来开发智慧、斩断烦恼，它象征着宇宙自然的力量。"天龙神剑"可以用来惩恶扬善，经研武学成一代宗风。"摩火剑"也曾经是历史悠久的一种文物，具有收藏、观赏价值。这种古朴的造型在日本的密教和中国密宗中也被修为中的法具所采用。先生还以笔墨传神将当年"天龙神剑""龙形大草"之剑谱重书旧作，装轴复真，使这一脉绝学得以传宗。

亦有武学中《神兵武库》的拳脚器械，就器械而升华，逐渐演化为修持宗风的宗传密示，转入诸宗脉持的仪器。先生亲自指导复制出其中部分鲜为人知的兵器，向社会展现了古老宗风独特真实的风貌。这诸多的艺术珍品以它独有的方式形成了文化体系。

为著金编呈岁月

真正让人们认识正宗脉传的完整面貌，却是更为不易的。先生在长年的奔波之中，写下了无数的文字，本着严谨的治学态度，将自己的承习付之后学。

先生记忆力超群，身怀诸多失传或濒于失传之学。明·九脉合真后传有"一脉真谕"，使国术发展臻于颠峰，而后"留下统元楼藏真三千六百五十二卷，牙牌三千，神兵武库三千，楹语法典、手本刊刻、文韬武略、六艺三昧、丹砂炉火、古玩佩真……无不备存"。由明而后封真石壁，使古传之"真宗法律"、精良金编、古鉴养真之学，封法五百年之久，已成旧迹。虽有盖世之楷范，亦只可嫡延其宗，不能使世人泛知其博大，概闻其深邃，致使失传断代至今时。

这些鲜为人知的玄机密律真元大道的内容，只有具有九派至尊身份的人才可以有机会知道其中的隐奥，就像俗理那样："只有他的子孙，才能把当年的掌故叙说。"故先生少年时就立下了"欲写春山遍人间"的志愿，他深感使命之重，争暇持毫。直至1984年万轮甲子年，先生方著作刊本，将其脉传弘倡天下而泛波，使天下有缘一睹当年真颜。以期将这些几千年传统文化之精粹，留之世人，以告慰师辈，亦求无愧于古德先贤。

先生书作内容繁多，生前正式出版的著述达十八部之多：

《真元窥密》

《翰墨缘》

《真元宝笈》

《声律真诠》

《中国太极拳统真大典》

《中国循经太极拳二十四式》

《中国循经太极拳二十四式教程》

《李兆生禅诗百卷翰墨真迹》

《真元养生法》

《秘录注本·〈武当修真密笈〉诠编》

《老子三清大法》

《太乙修真元明密持大法》

《太乙显真密籍》

《统元楼印谱》

《修真图箓》

《太乙金编》

《如意太极拳》

《海石图》

统汇编入《统元楼藏真丛典》。内容涉及传统文化的各个领域，而又统一在"艺者，道之形也"的囊括之下，其中隐真"示流波法乳五千年，藏真元道妙万亿劫"，传统的文事与武学只是其中博大精深的典范而已。

在此仅以《修真图箓》中《御赐万全密示原本〈修真图〉》作一管窥："《修真图》为隐于武林之龙虎堂藏本，以贤侠剑道之风貌呈真于世，是古人自身净化的蓝本。直揭修真之大要，既是文珍典籍，也是实修而达朝元冲举、登顶步霄之理想指南。"

先生长年笔耕不辍，分秒必争，留下了大量的书稿、诗文、笔记，并安排未来出版计划，待机缘成熟再行刊印。

这些著作倾注了先生毕生之神思心血，是传统宗风宏济的真种子，是"中华魂"的具体体现，更是先生"真人留有此范本，欲写春山遍人间""梦中未忘依稀语，书罢此函即往还"的真实写照。

三千教化垂仁蒂

先生除著作与文化交流之外的一项主要工作是培养学生弟子。先生应时代风烟弘法教化，早在1984年出山之前，经诸位师尊许可，于从师自修之余，便开始授徒传功。

1984年万轮真甲子，先生正式出山，重开法境。时值"文革"之后，华夏文化百废待兴，脉学的宗风更因传承年代悠远，一时让世人很难通达当年旧境。于是先生将这宗传法乳、深浅同源的学识泛而传之，通过海内外的学术交流及推广让世人渐识之，宗风的传播与发展初具规模，可谓"宗风弘宣，法境初示"。

1994年甲戌年，应天时神传启始，先生于北京理工大学开办了"龙虎神功·化神为气"神传班。是年，先生更数次起法，以"中华魂"为核心，将脉传宗风的传播推向了一个新的高度。

先生秉笔荷担，授徒课教，为世人全方位地展开了传统文化的长卷，万法诸艺，令人叹为观止。为使宗风的种子遍撒天下，先生于北京、哈尔滨、南宁、大连、芜湖、广州、杭州、武当山等地频繁开展教学活动，广纳弟子，有教无类。先生围绕"文以呈真，武以演道"的脉络，向人们揭示传统文化的内涵。叙说脉传的水流，随之泛波，而成江河之势。先生虽屡历困境，面对诸多磨难，却从未放弃，其中的辛劳，非亲历者不足以道尽。

2000年5月先生应武当拳法研究会和《武当》杂志社之邀——"名师传真法，结缘武当山"，传授宗传武学。在4年的时间里，先生在武当山共举办六期丹经武学专修班，在全国引起很大反响，一时学之者众。

2002年，先生于京郊通州筹建了北京市循经太极拳培训中心，建立起一个有固定场所的独立教学机构。教学方式从短期教学转变为长期教学，随到随学，为大众了解学习宗风提供了更为便利的条件。

先生觉世宏道，门下弟子三千，使传统文化的精华，波泛海内外，不拘泥于传统师徒相授的模式，适应融合现代教育模式推广宗风学识。其时全国多所高校将"真元养生法"的内容收入到体育教学课程中，感染了大批青年学子追慕文化、践行传统，为宗风事业的弘扬储备了后备力量。1993年先生来到北京海淀走读大学中国传统文化学院担任教务院长，在教学方面安排了系统全面的教学规划，理法并传、文武兼修。学生在这样的教育环境下，各方面都有了迅速的提高。

由于文化背景与社会环境的差异，人们面对传统文化也有着不同的接受能力。本着"有教无类"的古训，长期以来，先生亲自为学生授课带功，始终以宗风脉传为重，德化所及，感通异类。先生教化重心迹，不拘于形迹，因缘设法，随机化育，于日常生活之中激励教诲学人。

先生还从多方面关怀学生的学习和生活。对求知好学的学生，尽可能地满足他们的求知欲，并指导他们更快地前进。在武学修为之外，教学中还注重文化方面对学生的熏陶，期望学生在文武两方面都能有所造诣，使学生受益甚深，在智慧开发、武技演化与医疗实践等方面均有不可思议的进展。

先生在授课时曾表达了对学人的愿望："继往开来，弘扬传统文化，振兴民族精神；牢记祖师当年'为使天下众英豪益寿延年'的遗愿，作为宗风脉传的继承者应体现自己的拳拳之心，在新的时代要做出新的贡献"。

经过先生数十年的教化抚育，众多弟子学有所成。先生常问："马拉松的第一棒我跑了，难道第二棒还让我跑吗？"亦曾对弟子有言："扶上马，再送一程。"为使宗流脉传，师生相继，先生适时逐渐将教化演真的使命交递于后人，令弟子践行实证，自度度人，以成就济世之广材。先生则杜门修养，专心著书，避世隐真，实乃大君子风。

先生行教化之路，愿力宏深，道德高洁，治学严谨，持为一代宗风弘仁。先生是延源千古之中华精魂的代表，他的神魂早已与"中华魂"融为一体，万古云光，千年一脉，凝之神魂，成中华文化之重振不朽。

先生诗曰：

慈祖开真演大道，始昭金华统脉轮。
乾坤得位呈天地，师祖相承见性真。
天心不改方持久，元光自守存圆浑。
金甲仁尊辉圣教，遍撒华夷一片春。